雇员们

来自最新德国

Siegfried Kracauer

Die Angestellten
Aus dem neuesten Deutschland

［德］西格弗里德·克拉考尔 著

黎静 译

著作权合同登记号 图字：01-2014-6230

图书在版编目（CIP）数据

雇员们：来自最新德国/（德）西格弗里德·克拉考尔(Siegfried Kracauer) 著；黎静译．—北京：北京大学出版社，2017.7

（雅努斯思想文库）

ISBN 978-7-301-28248-9

Ⅰ.①雇… Ⅱ.①西…②黎… Ⅲ.①中等资产阶级－研究－德国－现代 Ⅳ.①D751.661

中国版本图书馆CIP数据核字（2017）第085246号

DIE ANGESTELLTEN: Aus dem neuesten Deutschland
© Suhrkamp Verlag Frankfurt am Main 1971.
All rights reserved by and controlled through Suhrkamp Verlag Berlin.
Introduction © 2015 by Inka Mülder-Bach

书　　　名	雇员们：来自最新德国 GUYUANMEN: LAIZI ZUI XIN DEGUO
著作责任者	[德]西格弗里德·克拉考尔 著　黎静 译
责任编辑	邹震　周彬
标准书号	ISBN 978-7-301-28248-9
出版发行	北京大学出版社
地　　　址	北京市海淀区成府路205号　100871
网　　　址	http://www.pup.cn　新浪微博:@北京大学出版社 @培文图书
电子信箱	pkupw@qq.com
电　　　话	邮购部 62752015　发行部 62750672　编辑部 62750883
印　刷　者	三河市国新印装有限公司
经　销　者	新华书店
	787毫米×1092毫米　32开本　6印张　105千字 2017年7月第1版　2017年8月第2次印刷
定　　　价	48.00元

未经许可，不得以任何方式复制或抄袭本书之部分或全部内容。
版权所有，侵权必究
举报电话：010-62752024　电子信箱：fd@pup.pku.edu.cn
图书如有印装质量问题，请与出版部联系，电话：010-62756370

献给

本诺·莱芬贝格*

致

我们亲密的友谊和共同的事业

---

* 本诺·莱芬贝格 (Benno Reifenberg, 1892—1970), 1924 年至 1930 年间负责《法兰克福报》(*Frankfurter Zeitung*) 副刊。在接手副刊部后,莱芬贝格在工作上给予克拉考尔极大支持,包括对本书写作及出版的肯定和推动。

本书以数字编号的脚注为作者原注;如无特别说明,以"*"加注的为中译本注;授权中译的德文版编辑者注释也将以"**"号标注,并标明"德编注";另,为了不影响对正文的阅读,作者在正文中以括号括注的引用作品信息或补充说明,如被置入脚注,也以"*"标注,并标明"正文注"。

目录

001　　导　读 / 因卡·米尔德-巴赫

017　　前　言

023　　未知的领域
033　　筛选
045　　短暂的通风休息
057　　组织中的组织
067　　啊，真快……
079　　修理车间
093　　普通标本
103　　有格调，无拘束
113　　邻里之间
125　　无家可归者的避难所
139　　被俯看
149　　亲爱的女同事和男同事们！

雇员们
Die Angestellten

附　录

159　知识分子的政治化：评 S. 克拉考尔
　　　　《雇员们》／*瓦尔特·本雅明*

169　西格弗里德·克拉考尔生平

179　西格弗里德·克拉考尔作品年表

183　译者的话

导 读

因卡·米尔德－巴赫[*]

在西格弗里德·克拉考尔去世后出版的遗著《历史：最终者前的最终事》(*History. The Last Things Before the Last*, 1971)^{**} 的导言里，他对自己的智识生涯做过一次简短的概括。略过因流亡而离开德国所造成的际遇断裂，他将自己多样化的写作归

---

* 因卡·米尔德－巴赫 (Inka Mülder-Bach)，德国慕尼黑大学语言文学学院教授 (Fakultät für Sprach- und Literaturwissenschaften, Ludwig-Maximilians-Universität München)。1985 年，米尔德－巴赫教授以《西格弗里德·克拉考尔：理论和文学之间的越境者》(*Siegfried Kracauer. Grenzgänger zwischen Theorie und Literatur*) 为题出版了她的博士学位论文，这本研究克拉考尔早期写作的专著是克拉考尔研究领域的拓荒力作；其后，米尔德－巴赫教授一直致力于克拉考尔作品的整理和研究，她与人共同主持编辑的最新校勘版《克拉考尔作品集》已在苏尔坎普出版社 (Suhrkamp) 陆续出版。

** 此书为克拉考尔用英文写作，出版于 1969 年。1971 年，卡斯滕·维特 (Kasten Witte) 翻译的德文版由苏尔坎普出版社出版。

雇员们
Die Angestellten

结为同一冲动："我的一切主要努力，表面看似并无关联，[最终]保持着一致：它们都服务于并将继续服务于一个意图：为那些尚无名称并因此被忽略或被错判的客观事物和存在方式正名。"[1] 所谓"一切主要努力"，克拉考尔说的不仅是他成书于美国、以英语写就的后期著作，他所指的显然还有1930年问世的社会学作品《雇员们》(Die Angestellten)。和他的《电影的理论》(Theory of Film)以及历史著作一样，他在《雇员们》中考察了一个"现实的领域"，长期以来，这是一个"未知的领域"（terra incognita）。[2]

克拉考尔用"未知的领域"将他毕生的工作比喻为对尚未被测量和描述的地区的一次勘测。这一勘测的姿态在他的任何书中都不及在《雇员们》里那样清晰。书的副标题已经表明，可以将这份调查解读为对一次"远征"（221）*的报道。"发自

---

[1] 西格弗里德·克拉考尔，《历史：最终者前的最终事》，收录于《西格弗里德·克拉考尔作品集》(Siegfried Kracauer: Werke)，因卡·米尔德－巴赫、因格里德·贝尔克（Ingrid Belke）主编，第四卷，因格里德·贝尔克选编，扎比内·比伯尔（Sabine Biebl）协助，美茵河畔法兰克福：苏尔坎普出版社，2009年，第12页。

[2] 同上。

* 米尔德－巴赫教授在本文中对克拉考尔《雇员们》的引用皆出自《克拉考尔作品集》第一卷（因卡·米尔德－巴赫主编，苏尔坎普出版社，2006年），括号中的数字所标注的是引文在该版中的相应页码。

最新德国":好似一个观察员的声音穿越九天而来,他扮上制图员和民族学家的角色,开启了一次前往某个精神异域的发现之旅,像对待异域风情的外国那样对之进行报道。将臆想的"异域风情"和"在电影里其风俗令雇员们啧啧称奇的原始部落"(218)做一番讽刺比较,克拉考尔没有放过这个机会。不过,使用民族学的隐喻不止意在反讽,还与其调查之方法及兴趣密切相关。克拉考尔真的就这么上路了。他将统计学和科学研究留在身后,只身突围,对雇员们的生存空间、工作环境、习性癖好、行为模式、思维方式和语言风格进行经验式的调研。他亲身与雇员、工会代表和企业主交谈;他走进办公室和企业,去职业介绍所和法庭,上电影院和娱乐场所;他研究厂报、广告和私人通信。他的做法极似"田野调查",有时也被拿来和"参与式观察"的方法进行比较,后者几乎于同一时期在美国的社会学领域发展起来。不过,克拉考尔所独有的是一种反思性的、抗拒学院派需要的局外人立场,从根本上说,将陌生和距离编制为关注的前提和认识的媒介同属于这一立场的做法。

克拉考尔试图挺进的领域在《雇员们》的副标题里叫作"最新德国"。最高级用法"最新的"一方面嘲讽地影射媒体对轰动效应的饥渴,另一方面也与同时代允诺要为这种饥渴服务的

"飞速的报导者"拉开距离。因为,克拉考尔可以提供的轰动只有日常生活的头条、"有着未被留意之恐怖的普通生存状态"(304)。另一方面,最高级暗示,恰恰是雇员日常生活的普通就"最新德国"给出了答复。因为,在这普通之上,经济理性化和社会文化现代化的时况得以觉察。所以,克拉考尔的调研驶入现代大企业的内部,在这里,作为理性化职业世界的"极端",各种将决定未来生产和分配过程的组织形式接受考察。而它也同时驶入大城市柏林的内部。因为在柏林"输出雇员大众的经济过程得以最充分地展开"(221),在那里,雇员们头一次成为了具有影响力的公共生活力量。

在序言式章节"未知的领域"中,克拉考尔将这种生活比作埃德加·爱伦·坡小说《失窃的信》(*The Purloined Letter*)里"女王陛下的信","因为它就在台面上"(218),没人注意到这封信。于是,躲在民族学家人格面具后面的侦探人物露面了,克拉考尔在他的《侦探小说》(*der Detektiv-Roman*)研究里已经证明了侦探担任社会批评家的能力。然而,比较的重点已经不在于"雇员的公开状况"(218)像爱伦·坡那封被偷的信一样因其公开而免于被发现。重点其实在于,这"公开状况"就是现代公众自身的公开状况。这些状况标出了公众自我观察的一个盲点,标出了公共领域的一个"未知的领域","公众的视线"（218）尚未投落于此。

运用他的新闻传播机会将这些公开状况公之于众，克拉考尔借此将雇员阶层推入一个双重视角。一方面，他将这个阶层描述为经济及社会文化现代化的产品和代理人，类似的现代化已经在西方所有发达资本主义国家中发生。于是，以此阶层为例，克拉考尔首先说明工作与休闲、经济的合理化改革与文化工业置备的消遣供货之间的功能性关联。他抓住了认同形成（Identitätsbildung）那个处在新生状态的（*in statu nascendi*）、特殊的现代过程，这一过程不再由第一级的出身和传统促成，而是越来越多地在第二级和第三级的社会化期间、在媒介性的公众和时尚当中得以促成。他分析新的体格筛选及标准化机制，在这些机制的压力之下，外貌同化，同时，以语言、衣着、姿态论之，一种大城市的制式化类型开始线条鲜明地形成。他探讨现代青春崇拜的起因和后果，也转而注意到女性在职场以及她们作为大众文化的接收者和消费者越来越重要。

然而，他的研究不仅仅是对一个深刻的社会结构转变的分析，还首先是对这一转变在德国所制造的诸矛盾、断层、错觉和防御反应的诊断。在"周末"这一国际时尚的表面之下，自我界定的社会等级模式恰恰在雇员阶层中依然是致命性的，这种模式根植于特定的德意志传统。事实上，这个阶层在德国受到的争夺比在任何其他西方国家都激烈。它的联合会最具影响力,它在政治上受到最热心的招揽,工人和雇员之间的差异表现得最为坚决并且至关重要。[1] 早在十九世纪末,"新兴中产阶层"的概念已经形成。这个概念将雇员们送入支撑着国家的社会之中心,并向他们派发了作为抵抗社会化努力的缓冲器功能。通过明确雇员保障及劳动法特别待遇并确认该阶层地位优于工人阶层,1911年的《雇员保障法》(das Angestelltenversicherungsgesetz)——任何其他西方国家均无相应法案——确认了这一概念。二十世纪二十年代的经济合理化改革抽走了这个概念的基础,在战争及通货膨胀期间被剥夺了财产的昔日的中间市民阶层同样陷入了合理化改革的漩涡。因为,使雇员们集聚为大众的同一个过程令他们大规模地丧失了他们赖以区别于工

---

[1] 参见尤尔根·科卡(Jürgen Kocka),《德意志历史中的雇员们(1850—1890)》(*Die Angestellten in der deutschen Geschichte 1850—1890*),哥廷根:范登霍克和鲁普莱希特出版社(Göttingen: Vandenhoeck & Ruprecht),1981年;维尔纳·曼戈尔德(Werner Mangold),《德国、英国和法国的雇员史与雇员社会学》("Angestelltengeschichte und Angestelltensoziologie in Deutschland, England und Frankreich"),收录于尤尔根·科卡主编,《欧洲雇员比较——十九世纪晚期受雇中间阶层的形成》(*Angestellte im europäischen Vergleich. Die Herausbildung angestellter Mittelschichten seit dem späten 19. Jahrhundert*),范登霍克和鲁普莱希特出版社,1981年,第11—38页。

人阶层的所谓优势：相对的独立性、升迁机会和职位保证。他们的物质生活条件在客观上与工人阶级趋同了。

在意识形态上划清界限，同时，维护作为辨识特征的市民及社会等级认同模式，这样的努力越发顽固而绝望。"人格""教育""文化""职业""共同体"：克拉考尔展示这个"资产阶级概念和感受之家"（288）的外观如何且为何得以维持，他同时指出，家园早已坍塌。"雇员大众和工人无产者的区别在于，他们在精神上无家可归。"（288）他们暂时躲进文化工业的娱乐组织向他们提供的"无家可归者的避难所"。数年后，无产阶级化的生存状态和资产阶级等级心态之间的张力将驱使他们投向国家社会主义者。克拉考尔在1930年还不可能知道这一点。但是，在他所看到的笼罩着他们的"恐惧的光晕"（267）中，某种政治灾难的预兆即将降临，正是基于他对柏林雇员世界的远征，他比其他人更早地预见了这一灾难。尽管并非本意，却正是因为这趟远征驶入了"最新德国"，他的调研也报道了第一个德意志共和国终结的开端。

与克拉考尔在魏玛时期的几乎所有作品一样，《雇员们》最初——以连载形式——发表于传奇的《法兰克福报》副刊，克拉考尔从1921年开始担任该报驻法兰克福的撰稿人和编辑,从1930年直至1933年2月逃离纳粹德国,他是该报驻柏林文化版块的负责人。他的新闻工作重点表现为大众文化分析和电影分析,《雇员们》是对这些分析的一次持续推进。同时,克拉考尔认为大众文化及其媒介首先完全具备民主的和解放的潜能。根据他的观察,它们极大程度地参与了一个新的公共领域的形成,尽管阶级之间的经济对立在其中并未被消除,但是,为了某种统一的感知及行为方式,文化的差别被弥平,克拉考尔为此创造了"分心"(Zerstreuung)*的概念。以此"分心"为前提,在他1926年的著名文章《分心崇拜》("Kult der Zerstreuung")里,他认为可以观察到,一种大众品味已经形成,"所谓的知识阶层"将不得不长时间地让自己适应它。"通过他们[知识阶层]融入大众,同质的世界都市公众形成,从银行经理到店员,从名伶到女速记打字员,这个公众的意义是同一的。"[1] 店员和速记打字员所代表的雇员们的阶层在某种程度上进入了克拉考尔关注的中心,在

---

* "分心"(Zerstreuung),引申为"消遣"之意。

[1] 西格弗里德·克拉考尔,《分心崇拜》,收录于《克拉考尔作品集》第六卷第一册:《电影论文集(1921—1927)》(*Kleine Schriften zum Film 1921—1927*),因卡·米尔德-巴赫选编,米尔加姆·文策尔(Mirjam Wenzel)、扎比内·比伯尔协助,苏尔坎普出版社,2005年,第210页。

这里，他将分析的重点从电影转移到影片，也借此将重点从一种空间的现象学和大众文化的接受形式转移到对其内容进行意识形态批判。将影评发动为意识形态批判的第一次尝试是1927年分数期发表的系列文章《小小店员姑娘看电影》("Die kleinen Ladenmädchen gehen ins Kino")。文章考察了电影兜售的典型情节：穷清洁女工碰上劳斯莱斯车主；高贵的百万富翁之女隐藏身份，倾心于马夫；优雅的女士被出狱的犯人搭救，冲破一切障碍之后往往总是一样的大团圆结局。克拉考尔将这些"傻气而且不真实的"情节解释为"社会的白日梦"和对社会愿望的"反映"，不同阶级和阶层的幻想在这些梦和愿望里相遇。[1] 一年之后，同样分几个部分发表的随笔《今日电影及其观众》("Der heutige Film und sein Publikum")读来则不一样。在这篇文章里，克拉考尔空前尖锐地对同时代的德语影片、电影工业还有电影观众进行清算。他批评一般电影制作的情节以及拍法"愚蠢""虚假""粗俗"而"可鄙"[2]，

---

[1] 克拉考尔，《小小店员姑娘看电影》，收录于《克拉考尔作品集》第六卷第一册，第309页。

[2] 克拉考尔，《今日电影及其观众》（又题为《1928年电影》[Film 1928]），收录于《克拉考尔作品集》第六卷第二册：《电影论文集（1928—1931）》，第151页以下。

雇员们
Die Angestellten

认为其意识形态出发点是"遮蔽主流电影观众的视线,亦即小雇员们的视线"。[1] 然而,对克拉考尔来说,要解释"我们的制作在空洞方面可能远胜于美国制作"的"异乎寻常的事实",意识形态概念并不充分。[2] 在共和国的所谓稳定阶段,世界经济危机爆发的前一年,他预示德国电影制作的局面是某种集体停滞和防御反应的社会心理学征兆。"如果我们影片的空虚、它们对任何人类冲动的扼制并非源于某种实体的萎缩,那么原因只可能是'顽固';那种奇特的顽固从通货膨胀结束之后便统治着德国,也决定着许多公众的表达。似乎,在社会结构重组和企业合理化改革进行的那个时期,德国人的生活已然瘫痪。几乎可以说这已经是一种病了。(……)因为有些事已经陷入无序,反正,没办法从最糟糕的工业主义来理解现有的情感混乱和不真实的程度。"[3]

促使克拉考尔出发前往雇员们的日常生活世界且由此进入同时代"主流"电影观众之环境的,正是他对"无序"的

---

[1] 克拉考尔,《今日电影及其观众》(又题为《1928年电影》[Film 1928]),收录于《克拉考尔作品集》第六卷第二册:《电影论文集(1928—1931)》,第155页以下。

[2] 同上,第163页。

[3] 同上,第163页。

这种地震学家式的敏感，而政治与学术对此"无序"全无头绪。克拉考尔研究之反讽和智趣不可能让读者无视，他从那里一并带回的消息丝毫没有理由叫人慰怀。《雇员们》所讨论的不再是"分心"的解放及平等效应。完全相反，克拉考尔将文化工业的产品阐释为阶级统治和系统化地生产"错误意识"的工具，同时也将之阐释为深入虚设事物的黑魔法。于是，他推测，大众媒介"翻来覆去的图像母题"意在"将某些内容永远投入没有图像的被遗忘的深渊"，亦即，"我们社会存在的构造没有接受那些内容，而那些内容则将这一存在囊括。图像的逃逸是对革命和死亡的逃逸"。(295) 在这一视角下，将雇员大军赶入组织化娱乐企业"快活营"(292)的需要还只表现为某种缺陷的症状：表达了一种意识形态的失位（Ortlosigkeit）和实存意义的被弃（einer existentiellen Preisgegebenheit），这种被弃所对应的那种生活孤绝无援，有着"未被留意之恐怖"，"只在严格限定的意义上可以被称为生活"(288)。

然而，令《雇员们》研究成为一份独一无二的文件，依靠的不仅是其作者的观察天赋、智识独立、地震学家式的敏感及其诊断的前瞻性和复杂巧妙。本书的语言和编排体例同样重要。克拉考尔对雇员"未知领域"的社会民族学远征也是一次社会图解行动,并且在这一方面接通了早期的写作。所以,克拉考尔在《雇员们》中着手研究的问题已经在他1922年出版的认识理论论文《社会学作为科学》(*Soziologie als Wissenschaft*)中被他以另一种方式思考过了。这个问题就是材料社会学的可行性,材料社会学调和了材料的具体化和对材料进行理论渗透这两种诉求。在克拉考尔看来,面对后一种诉求,不但抽象的"唯心主义思维"和各种"形式社会学"变种不起作用,在"新客观派"文学思潮语境中流行起来的报告文学类型同样失灵。作家埃贡·埃尔温·基施(Egon Erwin Kisch)*在为自己著名的选集《飞速的报导者》(*Der rasende Reporter*,1925)所写的前言中,曾将记者定义为不带立场的见证人,将报告文学定义为未加润色的"长时间曝光"。[1] 克拉考尔在《雇员们》中捡拾起这一表述,为的是对"新客观派"的报告文学提出批评:通过这种"为生活拍照",它们逃避为现实建立有效的关联:"来自某工厂的上百篇报道

---

* 埃贡·埃尔温·基施(1885—1948),布拉格人,德语作家、记者,被视为新闻从业史上最重要的报道者之一,基施也是国际著名的左翼作家、记者,于1919年5月加入"奥地利共产党"(Kommunistische Partei Österreichs)。

[1] 埃贡·埃尔温·基施,《飞速的报导者》(1925),科隆:基朋霍伊尔和维奇出版社(Köln: Kiepenheuer und Witsch),1985年,第7页以下。

无法合为工厂的现实，而是永远止步于工厂百景图。现实是一种构造物。"（222）在克拉考尔看来，与此构造物匹配的只有一种呈现方式，这种方式本身是建构性的，通过打碎素材的偶然关联，根据典型和范例使得"基于对现实之内涵的认识而进行的诸项个别观察"（222）清晰可见，并将这些观察重新编排和连接。如此得来的产物，克拉考尔称之为"镶嵌画"（222）。

细节观察、示范例证和镶嵌画构造物：克拉考尔在《雇员们》中混合使用的方法和呈现方式显然带着特写和蒙太奇等电影手法的烙印。对于克拉考尔在二十世纪二十年代（与后来《电影的理论》的呈现有所不同）所定义的电影的唯物主义机会，即仅仅通过镜头和剪辑在视觉媒介自身中构建真实的可能性，在《雇员们》里，他尝试用一种文学性的描写予以实现。在这里，各种社会学认识之间没有建立起一种独立的、脱离了材料的概念式关联。相反，克拉考尔在材料中进行建构。理论以此方式迁居至表面，在"镶嵌画"石块的切割样式当中显现，在石块缝隙的空间中显现。

克拉考尔在《雇员们》中也踏入了文学意义上的新领域，这一点也没有逃过同时代评论家们的眼睛。"对社会关系的流行描写，"一篇书评注意到，"和克拉考尔的方法比起来，就像

雇员们
Die Angestellten

是优秀景观学家半吊子的抒情写景。"[1] 恩斯特·布洛赫（Ernst Bloch）[2] 强调克拉考尔的语言有"清醒的斑驳色彩""紧贴着被认识的实事"[3]；瓦尔特·本雅明则突出其语言的"简洁"，在其中，充满"反讽精神"的"人性"复活了。"在克拉考尔的分析里，"本雅明接着写道，"那是最鲜活的讽刺文学的源头，为了占据史诗般的跨度以对应其题材的不可测，讽刺文学退出滑稽小报确有多时。"[4] 经济学家汉斯·施派尔（Hans Speier）在不久之后完成了迄今为止有关雇员最重要的研究之

---

[1] 瓦尔特·迪尔克斯（Walter Dirks），《论德国雇员的处境》（"Zur Situation der deutschen Angestellten"），载于《盾牌社》(Die Schildgenossen)，第十一年度（1931年），第 248 页。

[2] 恩斯特·布洛赫（1885—1977），德国哲学家。

[3] 恩斯特·布洛赫，《人造的中心：评 S. 克拉考尔〈雇员们〉》（"Künstliche Mitte. Zu S. Kracauer: Die Angestellten"），载于《新评论》(Die neue Rundschau)，第 41 期(1930 年)，第二卷，第 861 页以下，修改后重新收录于恩斯特·布洛赫《这个时代的遗产》(Erbschaft dieser Zeit, 1935)，苏尔坎普出版社，1977 年，第 33 页。

[4] 瓦尔特·本雅明，《局外人惹注目》（"Ein Aussenseiter macht sich bemerkbar", 1930)，收录于《瓦尔特·本雅明文集》(Walter Benjamin: Gesammelte Schriften)，特奥多尔·W. 阿多诺、格尔斯霍姆·肖勒姆（Gershom Scholem）协助，罗尔夫·蒂德曼（Rolf Tiedemann）、赫尔曼·施韦朋荷泽尔（Hermann Schweppenhäuser）主编，第三卷《批评与书评》(Kritiken und Rezensionen)，海拉·蒂德曼－巴尔特尔斯（Hella Tiedemann-Bartels）选编，苏尔坎普出版社，1972 年，第 219 页。

一，[1] 他将克拉考尔对环境的描写归入"十九世纪法国和英国伟大小说家"的传统之中。克拉考尔不仅丈量了"雇员们生活的社会空间",他还放进去了"交织其中的空气"。[1]《雇员们》捕捉到了最难把握的现实要素——这是对克拉考尔散文的质感和功力的精彩表述,同时也从一个方面解释了,何以他的文字经受住了时间的考验并能在今天读来依然新鲜。这部作品是经验式社会研究和社会批判理论的一座里程碑,结合致密的描写和示范性的建构,《雇员们》也是一份独一无二的社会学文献档案。

---

[1] 参见汉斯·斯拜尔,《国家社会主义前的雇员们:1918年至1933年德国社会结构理解论》(*Die Angestellten vor dem Nationalsozialismus. Ein Beitrag zum Verständnis der deutschen Sozialstruktur 1918—1933*),范登霍克和鲁普莱希特出版社,1977年,美茵河畔法兰克福:费舍尔出版社,1989年再版。该书是对1933年已经完成的研究进行修订的版本,这一研究因国家社会主义者夺权而未能得以出版。

[2] 汉斯·施派尔,《雇员们》("Die Angestellten"),载于《经济杂志》(*Magazin für Wirtschaft*),第六期(1930),第602页。

前 言

无疑，工商业现在处境格外艰难。尽管本书对企业主困境的关注不及对雇员困境的探讨，但是，帮助企业主脱困也是这部作品的目的。然而，时至今日，人们对前者的了解比对后者更多，长远而论，阐明社会和人的不足始终对全体有益。

本书例证材料搜集于柏林，因柏林有别于德国其他城市和地方，在这里，雇员阶层的状况呈现得最为极致。唯由极端入手，现实方得显现。

书中所涉主要为大型企业。众多中小企业的局面定是另一番景象。然而，大型企业是未来的模式。不仅如此，大型企业所抛出的问题及其雇员群体共有的需求益发左右着国内的政治生活和观念。

引语、交谈和实地观察构成这部作品的基础。请勿将它们当作任何理论的样本，而应视之为现实的范例。

这部作品是一份诊断，就此，本即有意放弃提供改进之建言。药方并非处处适用，至少于此不适，此处首先有赖于对一种几乎尚未被发现的处境作一了解。更何况，认识这一处境不但是一切变革的必要前提，且其本身已然蕴含着一次变革。毕竟，欲从根本认清在论处境，必须基于崭新意识对待之。另外，人们可以毫不费力地在这部作品中找到一系列超越分析的评论。

由于这部作品先期发表于《法兰克福报》副刊（除去非关实质的改动，本书版本与报纸版本一致），我收到了大量来信，这些信件对书中所论问题表现出共通的关注。信件多来自实务界要员、大学教师、社会学家和雇员圈子。他们中的大多数人对于有这样一部作品表示欣慰。至于批评的意见，有的事出误解。例如，有人指责我，因我断言只勉强具备读写能力的人今天也可以完成机器余下的工作；相反，我同时已经明确考虑到高级职员接受良好教育的必要性。有人大概也质疑合理化改革的某些影响，对于这些影响，在我之外，还有其他人认为是无可争辩的。也有人极力否认多处可见的任人唯亲现象，指认其存在则是我的分内事。此外，唤起公开讨论在某种程度上正是这样一项调查的现实意义所在。

最后，感谢所有一直支持我的人。为数众多的企业主、大型企业人事主管、议员、员工委员会委员以及各雇员组织的代表欣然为我提供交流机会，帮促我完成作品。我与雇员们本人进行的许多交谈是无可替代的，而我的希望是，这本小书真真正正讨论了他们这些可能难以为自己发声的人。

S. 克拉考尔
1930 年 1 月

一

　　一位被解职的女雇员向劳动法院诉请复职或补偿。代表被告公司出庭的是一个部门主管,也是女雇员以前的上司。为证明解雇有理,他还解释道:"该雇员不愿被当作雇员而要被当作女士来对待。"生活中,部门主管比女雇员年轻六岁。

二

　　某晚,一位无疑在成衣界颇有身份的优雅绅士在女伴陪同下进入一家大都市夜总会的前厅。一看便知,这位女伴的兼职是在柜台后站足八小时。衣帽间女服务员招呼这位女伴说:"尊敬的女士,要脱下外套吗?"

未知的领域

"其实小说里都已经有了。"一位私人女雇员在我请她聊聊她的办公室生活时这样回答道。一个星期天,我在一列开往柏林市郊的列车上结识了她。她从一场婚宴过来,活动持续了一整天,她也承认自己有点醉了。她主动透露了她的老板,一个肥皂厂厂主,她已经在他那里干了三年的私人秘书。据她说,他是个单身汉,倾慕她漂亮的深色眼睛。

"您的眼睛的确很美。"我说。

"我们总是晚上出去。有时候他下午就带我进了咖啡馆,之后我们不会再回去。您瞧瞧我的鞋,隔几个月跳坏一双。办公室究竟有什么让您感兴趣的。我根本不和办公室的人说话,女孩们妒忌得要命。"

"以后您会和您的老板结婚吗?"

雇员们
Die Angestellten

"您想到哪里去了。我可不会被钱给迷住。我一直忠于我的未婚夫。"

"您的未婚夫知不知道……"

"我可没这么笨。我和我老板的事情跟别人没关系。"

原来,她的未婚夫目前在塞维利亚打理一家内衣店分号。我建议她去瞧瞧他。"巴塞罗那正好有世界博览会……"

"水里没梁会淹死的。"她回了一句。[*]

尽管有我认真作保,她还是不相信可以经陆路抵达西班牙。日后,她有意和未婚夫在柏林附近经营一家小旅舍。在那里,他们会有一座花园,夏天时有外地人来。

事情不像她说的那样,都在小说里了。关于她和她的同

---

[*] "Wasser hat keine Balken"为德国谚语。此处也暗指巴斯特·基顿(Buster Keaton)主演的影片《小比尔号汽船》(*Steamboat Bill*, 1928),该片的德语片名为《水中有梁》(*Wasser hat Balken*)——参见因卡·米尔德-巴赫(Inka Mülder-Bach)、因格里德·贝尔克(Ingrid Belke)主编的《西格弗里德·克拉考尔作品集》(*Siegfried Kracauer: Werke*),第一卷,因卡·米尔德-巴赫主编,苏尔坎普出版社(Suhrkamp Verlag, 2006年),第344页。这一版本对克拉考尔的作品进行了详细编注,这些编注不但提示了《雇员们》与克拉考尔本人的写作及同时期其他作品之间的关联,而且通过整理克拉考尔的采访记录对书中各受访者、公司、机构以及所涉案例进行了注明,有兴趣者可就相关内容查阅该版本文集。感谢因卡·米尔德-巴赫教授同意本中文版使用她的注释,下文如有引用,将以"2006年编注版"注明。

道，世人恰恰几无所知。成百上千的雇员日日聚落在柏林的街道，可是，比起在电影里其风俗令雇员们啧啧称奇的原始部落，他们自己的生活更加不为人知。现实只可能是，雇员团体的工作人员鲜少经由细节关注到社会的构造。企业主通常并非毫不偏私的见证人。知识分子或者本身就是雇员，或者即便身份自由，却往往因为雇员的平常无奇而对之了无兴趣。纵是激进的知识分子也不易洞悉日常生活的奇异之处。雇员自己又如何呢？他们对自身处境的意识最弱。可他们的生活又的确在众目睽睽下展开。便如爱伦·坡（E. A. Poe）小说里的"女王陛下的信"，*信件的公开进一步保护它免于被发现。没人留意信，是因为它就在台面上。意图阻挠事情败露的强势力量当然要上下其手。

有鉴于此，公众或许早就是时候将视线投向雇员的公开状况了。而他们的地位自战前数年以来已经发生了根本改变。

单看数据已经了然：德国现有 350 万雇员，其中 120 万为女性。在工人人数尚未翻倍的同一时间段内，雇员人数翻了近五番。目前，每五个工人对应于一个雇员。而公务员人数也在激增。

---

* 见爱伦·坡的小说《失窃的信》（*The Purloined Letter*）。

这个庞大的雇员群体接近半数供职于商界、银行业和运输业。值得注意的是，近年来产业界雇员数目的增长尤其迅猛，总数现已达135万。余下的50万分布在行政机关、团体协会等机构。职业分类显示，商业雇员以225万之众成为最重要的群体。接下来则是在数量上与之相差甚远的其余类别：办公室文员、技术人员和部门领导，他们规模几乎相当，各计近25万人。

这种雇员数量大幅增长的原因或许可以求诸专业文献。它在根本上与经济结构调整密切相关。朝向现代大型企业的发展同时伴随着其组织形式的变更；分配机构的膨胀；社会保险和大型协会的扩张，它们掌管着无数群体的集体生活——尽管有裁员，这一切仍驱动了数字上扬。至于如此众多的女性涌入职场，则尤其可从以下方面得到解释：女性人口过剩的加剧、战争和通货膨胀带来的经济后果以及新一代女性对经济独立的需求。

不是没有发生从量到质的辩证突变。或者，就事论事地说，是质向量的突变。突变的肇因是多有提及的合理化改革（Rationalisierung）。自资本主义确立以来，在其所划定的界限内，合理化改革就持续进行着，然而1925年至1928年的合理化时期却标志着一个尤为重要的阶段。这一时期造成的后果便是，机器和"流水线"作业方法侵入了大型企业的雇员大厅。经此依照美国模式所进行的调整——仍然远没有结束——新兴雇员群体中的大部分人在工作流程中发挥的作用较过去有所下降。今天，有大量未经培训或不熟练的雇员从事着机械性的工作（例如，在新近出现的价格一体店中，女售货员的职责单一化了）。昔日"资本的下士"（Unteroffizieren des Kapitals）[*] 已变成蔚为壮观的大军，队列之中的是越来越多可以彼此替代的列兵。

就连埃米尔·莱德勒（Emil Lederer）[**] 都说"若有人宣称雇员和无产阶级命运与共，那是客观事实"。他甚至大胆断言："……我们在其内部仍会发现现代奴隶制的社会空间……如今不再是大量工人劳作的工场，而是办公室。"[1] 各处的奴

---

[*] 卡尔·马克思（Karl Marx），《资本论——政治经济学批判》（*Das Kapital, Kritik der politischen Ökonomie*），第一卷第一篇：《资本的生产过程》（"Der Produktionsprozeß des Kapitals"）。见《卡尔·马克思，弗里德里希·恩格斯，全集》（*Karl Marx, Friedrich Engels, Werke*），第二十三卷，柏林：迪茨出版社（Berlin: Dietz），1979年，第351页。——2006年编注版，第344至345页。

[**] 埃米尔·莱德勒（1882—1939），出生于皮尔森（Pilsen，现捷克境内），经济学家和社会学家，被认为是十九世纪前半叶最重要的社会学家之一。

[1] 《无产阶级的结构重组》（*Die Umschichtung des Proletariats*），收录于"自由雇员总联盟"（Afa-Bund）编辑的《雇员与工人》（*Angestellte und Arbeiter*）一书，自由人民出版社（Freier Volksverlag），柏林，1928年。

隶制份额尚待讨论，而雇员的无产阶级化却毋庸置疑。无论如何，对于身在雇员关系中的广大阶层来说，相似的社会条件，既适用于真正的无产阶级，也适用于他们。一支雇员组成的产业后备军已经成形。与视之为暂时现象的观点相对立的另一种看法是，裁撤这支部队只能通过将它召唤而出的体制来完成——此一讨论留待后述。此外，生存的不安全感已然上升，获得自主的前景却几近黯淡。如此一来，还能坚信雇员阶层是什么"新兴中间阶层"吗?* 世人会看到，为雇员营造的幻觉遭遇巨大的需求。

毕竟，物质上备受压力的处境刺激了雇员们的现实感。出师者起薪在150马克以下，高职位上的高年资者几乎皆不足500马克，这样的平均工资迫使他们至少在收入方面自觉与雇工（Arbeitnehmer）无异。女性雇员的收入则通常会再低十至十五个百分点。在为了争取更好的工作条件而进行的斗争中，将近百分之三十的雇员以工会的形式组织了起来。以下是三大主要协会：

自由雇员总联盟（Afa-Bund, Allgemeiner Freie Angestellten-

---

* 此处"新兴中间阶层"的概念由德国经济学家古斯塔夫·施默勒（Gustav Schmoller）于1897年提出。——2006年编注版，第345页。

bund），拥有会员逾40万。加入该联盟的有：雇员中央联合会（Zentralverband der Angestellten，缩写为"Z. d. A."）、德国车间主任联合会（Deutscher Werkmeisterverband）、技术雇员和公务员联合会（Bund der technischen Angestellten und Beamten，缩写为"Butab"）、德国银行职员总联合会（Allgemeiner Verband der Deutschen Bankangestellten），以及多个海员联合会和几乎所有的艺术家工会。一份组织协议规范着自由联合的自由雇员总联盟和全德工会联盟（Allgemeiner Deutsche Gewerkschaftsbund）的关系；在政治上，自由雇员总联盟与社会民主党共进退。它谋求加强社会福利政策立法和资本主义体制向社会化经济的转变。

雇员工会联盟（Gewerkschaftsbund der Angestellten，缩写为"G. d. A."）。这是一个涵盖所有行业雇员的统一联合会，主体为商业及办公室雇员。它与德国银行职员协会（Deutscher Bankbeamtenverein）以及保险业雇员总联合会（Allgemeiner Verband der Versicherungsangestellten）一道加入了德国工会圈（Deutscher Gewerkschaftsring），而希尔施—敦克尔工会（Hirsch-Dunckersche Gewerkvereine）也在该工会圈当中。该联盟构成了拥有37.6万名会员的"自由—爱国"雇员运动团体。在基本问题上，它的立场是民主的。在工会政策方面，它尽可能地与自由雇员总联盟保持一致。

德国雇员工会总联合会（Gesamtverband Deutscher Angestelltengewerkschaften，缩写为"Gedag"）拥有超过40万名会员。其中最重要的团体是德国店员联合会（Deutschnationaler Handlungsgehilfen-Verband，缩写为"D. H. V."）和商店及办公室女性雇员联合会（Verband der weiblichen Handels-und Büroangestellten）。德国雇员工会总联合会属于工会中的基督教爱国派。它反对社会主义并患有反犹症。其在劳资谈判中向来激进的工会措施难以与其资产阶级等级立场的意识形态求得统一。

此外，还有一个德国雇员行业协会全国联盟（Reichsbund Deutscher Angestellten-Berufsverbände，拥有6万名会员），它隶属于工作共同体联合会全国委员会（Reichsausschuß werksgemeinschaftlicher Verbände）。必须提到的是，高级雇员协会（Vereinigung der leitenden Angestellten，缩写为"Vela"）与工会活动保持着距离。对于疾病救助、丧葬金和共同利益代表机制，该组织感到满足。

上面是一些事实。它们粗略勾画出这趟小小远征将会涉足的领域，说不定，它会比一次非洲电影之旅更加惊险。盖因在寻访雇员的同时，它驶入了现代大都市的内部。佐姆巴特（Sombart）曾指出，今天我们德国各大城市不是工业城市，而是雇员和公务员之城。*若此判断适用于任一城市，柏林自非例外。在此地，输出雇员大众的经济过程得以最充分地展开；在此地，在实践和意识形态层面具有决定意义的论争正在发生；在此地，公共生活的形态尤为显著地由雇员的需求以及转而意欲支配这些需求的人们决定着。今天，柏林是鲜明的雇员文化之城，意即，这种文化由雇员创造，为雇员创造，并被大多数雇员视为一种文化。只有在柏林，在这个与出身和故土的联系被高度遏制乃至周末消闲大行其道的地方，方能把握雇员们的现实。他们的现实也是柏林现实的重要部分。

这一现实是否将自己托身于流行的报告文学（Reportage）了呢？多年以来，在所有表达类型中，报告文学在德国最受追捧，因为据说唯其能够捕捉未经摆拍的生活。除去记录，作者们几乎不知有更高远的抱负，对观察对象的再现便是王牌。这是一种对直接性的渴求，它无疑是德国唯心主义所引起的营养

---

* 维尔纳·佐姆巴特（Werner Sombart），《现代资本主义》（*Der Moderne Kapitalismus*），第三卷，慕尼黑、莱比锡：东克尔和洪布洛特出版社（München, Leipizig: Duncker & Humblot），1928 年。——2006 年编注版，第 345 页。

不良的结果。作为具体生存状态的自我宣示,报告文学与唯心主义思想的抽象性彼此扞格,后者自知无法经由任何中介接近现实。可是,生存状态不会因为在某篇报告文学里充其量再多一回的亮相就被记录在案。报告文学曾是针对唯心主义的合法回击,仅此而已。因为,在唯心主义不能发现且此二者皆无法接近的生活中,报告文学只会迷途。来自某工厂的上百篇报道无法合为工厂的现实,而是永远止步于工厂百景图。现实是一种构造物(Konstruktion)。要令现实复活,必得观察生活。然而,现实绝没有被包含在报告文学多少带有随机性的观察结果之中,它其实只置身在镶嵌画(Mosaik)里,基于对现实之内涵的认识而进行的诸项个别观察拼合成了这幅画。报告文学为生活拍照;这样一副镶嵌画或许就是生活的图像(Bild)。

筛 选

"您为什么想做商业雇员?""因为我喜欢这一行。""哪一类?""装饰人员。""为什么刚好是这个?""因为我觉得这是一份轻松干净的工作。"

对第一个问题的另一个回答是:"因为我喜欢干脑力活。"

还有一个答案:"我愿意卖东西。""您为什么不挑手艺活?""我不喜欢在工厂做事。"

以上回答由毕业离校的男孩们和女孩们填写在他们从雇员中央联合会职业咨询处领取的调查表上。正字法并非无可指摘,不规范的口语语法常常蔓没了后天习得的书面德语规则。一两年过后,文风老练的学徒们将在公函里自信地写道:"谨向您推荐……"

脑力活、喜欢卖东西、轻松干净的工作——不是所有美梦都会成真。无论如何,自感有能力胜任是不够的,还必须被选中。就是被那些推动经济进程的组织机构选中,而经济进程又驱使着这些机构。据说,德累斯顿的鞋匠们新近决定,只招收已完成两年中学课业的学徒。如此一来,纯粹出于内心喜好配底修鞋是不可以了。这荒唐之举证实了在最近一次工会代表大会上人们略微无奈地所做出的判断:资格认证制度根深蒂固于我们的本性之中。倘若不在于本性,那么根结就仍旧还在今日社会秩序的土壤。关于各式各样的资格证明,世人或许了解,或许不知,公务员层级的某些领域端赖其魔力得以开启。近来有人希望将完成高中毕业考试列为中高级公务员的必备条件,所幸泽韦林*已经反对了这项要求。谁没有预言过中国风格的工艺品在旧的等级国家终结后将遭遇和选帝侯大街上的装饰品相同的命运呢?与此同时,这些资格证明在私营经济体中仍然长势茂盛,而不仅仅是作为装点的阿拉伯花饰。大银行和其他工商企业将初中毕业设定为进入它们商业部门极乐世界的条件,而且优先考虑完成高中学业的年轻人。一份可靠的报告显示,在柏林的一百个商业学徒中,共有五十名中学七年级生

---

* 卡尔·泽韦林(Carl Severing,1875—1952),1928年至1930年任德国内政部长。

可以继续修完学业。*在这些幸运的文凭持有者中,很多人终其一生死守着一份工作,而这份工作,昔日任何有心上进的小学毕业生都有能力从事;高学历绝非一贯对应着高收入;各项紧缩措施,以及种种可谓致命打击的不幸,对有资格者和没资格者施予同等打击。正因为上头的实权人物将资格证视作护身符,所有深明实利的人就追逐它,并极尽能事地升高其垄断价值。拥向中学胜过热爱知识,从技术学校毕业的技术雇员们成立起毕业生联合会。用不了多久,人人都会有个什么资格。说到银行职员的整体资质,一位德国银行职员联合会会员在与我交谈时不无得意,他直言不讳地就这一事实发表了如下评论:"他们中的部分人出身于典型的市民家庭。他们肯定和无产阶级层次不同。"这条评论有着双重说明意味。它不仅表达出资格认证制度的一个重要目标,而且也表明这一目标会实现。如果说,某些资格证明确有必要,那么另一些证明就要以逼仄的生存空间来解释,事实便是,大多数初、高中毕业生是市民阶

---

* 魏玛共和国时期,公立学校(Volksschule)承担小学四年(Grundschule)和中学四年(Oberstufe)的义务教育。小学毕业后,德国人分别进入教学侧重各不相同的三类中学(相当于我们的"初中"),即主体中学(Hauptschule,五年制)、实科中学(Realschule,六年制)和文理中学(Gymnasium,九年制),完成该阶段的学生参加初中结业考试(Einjährige)。随后,完成文理中学最后三年或高级实科中学(Oberrealschule)的三年学习之后,学生参加高中结业考试(Abitur)。

层和小资产阶级出身。无产阶级的孩子要挤过公立学校的八个年级非得有过人天赋不可,而将来他们一旦爬到足够高度,往往便如印度苦行者一样消失不见。不过,社会主要向那些生来便知何为理所应当的市民阶层提供特权,这样它就在企业中培植出了一票近卫军。当后者手握文凭学位扮相的堂皇武器,并因此意气风发、身价倍增,他们就益发可靠。当那位银行职员说他的同事肯定和无产阶级层次不同时,他的确是在暗地里恭维。卫兵会死,却不会听命于一种不合规的观念——体制遂免于崩塌。关于雇员的等级意识,本书还将提出其他例证。联合在自由雇员总联盟中的协会旨在取消资格认证制度,这只是社会主义思路的逻辑结论罢了。

"依据其能力、学识、心理及身体特点,简言之,依照其整体个性特质,每个人都被放置在最能充分施展其身手的岗位上。适当人选去适当职位!"这段话出自 O 两合公司 1927 年底的管理报告,*同时,这段话应该是有意让商业部门的定薪

---

* 两合公司(Kommanditgesellschaft)因共同的经营目的而成立,但公司股东分为"有限责任股东"和"无限责任股东",前者对公司债权人的责任仅限于其出资数额,后者则对公司承担无限连带责任。相关法律规定,见德国《商法典》(Handelsgesetzbuch)第一百六十一条以下。

雇员对当时尚在筹划阶段的能力考核有所准备。整体个性、适当人选和适当职位：这些从过时的唯心主义哲学词汇里拿来的字眼制造出一种表象，仿佛正在执行的考核程序当真关乎人才的选拔。然而，无论在O公司还是其他企业，大多数雇员从事的工作对个性乃至个性特质都没有要求，更谈不上"适当人选"。职位本就不是职业，后者或许依照所谓"个性"裁剪而来，职位则是分别根据生产和分配过程的需要在企业中确定的岗位。只有进入社会层级的上部，真正的个性才开始运转，这个性自然不会再受制于考核的压力。所以，能力考核充其量可以弄清雇员是否特别胜任特定的岗位。女电话接线员还是女速记打字员，这才是疑问所在。这一澄清不可谓不重要，因为它意味着，这类在企业中进行的考核更多的是为企业利益服务，而非帮助适当的人选。管理报告中的有一个段落对此也有提及，这个段落希望工作类别的变换取决于考核结果。"只有当相关雇员取得的职位有升或降时，薪酬才上浮或者下调。"看来，对个性的好运恐怕不要过多指望。

同样是这套将企业塑造得益发理性的经济逻辑，它毫无疑问也引发了要将至今粗笨无用的民众彻底理性化的努力。作为这套逻辑的捍卫者（尽管在社会福利政策方面没有受过严格的理论训练），威廉·斯特恩教授（William Stern）不久前在自由雇员总联盟的一次扩大会议上就雇员考核表达过自己的观点。他主持着汉堡的应用心理学促进者协会（Gesellschaft der Förderer für angewandte Psychologie），该协会一直在 O 公司进行研究。按照他的阐述得出的结论是，商业雇员比工人不知道要复杂多少倍。如果说，对于后者，简单的职能考核通常已经足够，那么，由于商业工作提出的要求更高，要探究前者就唯有通过"全面观察"，尽管所提炼的可能只是对工作意义重大的特质。他们用雇员做试验：记账测验、电话测验；他们观察雇员：应试者如何整理需要他清理的账目。他们研究雇员的面相和笔迹。简单地说，对职业心理学家而言，最微不足道的雇员都是一个微观宇宙。尽管这本身是对不为人知的精神生活令人欣喜的尊重，但是，出席大会的工会政治家们一致反对此处所动用的全面观察。他们有理由质疑其无条件的可信性，他们同样有理由抵制性格分析可能引发的侵犯私领域的危险，最后，他们断言，在企业中工作的考官和雇主之间至少存有一种不被察觉的先在联系。因此，他们认为，雇员的才干即使有可能在入行时得到系统发掘，也只会是在没有倾向性的地方。

职业介绍所就是这样的地方。柏林一家职业介绍所的能力考官向我讲述了他的实务经验。重点是，就连这位先生也确信，企业里的考核没有任何意义。"任何大企业，"他说，"如

筛选

果需要通过能力考核进行人事调整，其员工管理都是糟糕的。"其实，假如企业高层只有运用科学的酷刑才能诱使下级供出私藏的能力，那么他们对后者的了解必定少得可怜。尽管如此，能力考官仍然建议，大型企业或许可以编制人事卡片，用以登记雇员的情况。这条建议无疑出自公心，却有其隐患。设若企业风气正派，卡片上呆板的文字说明便显多余；如若不端，则即便引入上述控制措施，收获不过是一份品行名册。能力考官的阅历涉及女速记打字员、储蓄员、德语及外语文书和部门主管。职责所在，他避免对个人发表任何看法，绝对遵循职业心理学。例如，他有一次这样表述评价："X 先生在工作时不是一个务实的人。"这句话就够 X 先生受了。或许他私下和女孩交往时容易害羞，他的工作却是蒙人。能把人拆成两半吗？为了消除我的疑虑，能力考官告诉我几个值得一提的成功案例。有一家大公司邀请他考查两位先生，这两位先生都具备担任部门主管的条件，不过他们中只有一位可以得到空缺的职位。考官就两位当事人提交了一份个人描述，对其中一人的综评好于另一人。这家大公司选择了获评更好的那位，而且现在格外满意。然后是接下来这个案例：一位老板给考官送来两个女孩，一个体态佝偻，另一个漂亮得像画。老板自然是更乐意聘用漂亮的，可是女孩子往往就是这样，佝偻女孩才是珍宝。身为现代的帕里斯，能力考官推选的不是阿佛洛狄忒，而是雅典娜（雇员里找不出赫拉）。他赢得了胜利，不多久，老板将佝偻女神招入他的私人办公室。甚至，在一个"裙带关系案例"里，科学也获得了胜利，获荐人因被证明心理不适任而遭否决。末了，考官再露一手，勾画了我本人的性格肖像，这是他在我们的交谈过程中不动声色地拼合出来的。他是训练有素的观察者，在他那网眼宽松的类别网络上吸附着特定的结构性特征。至于我，大概够格被编入中等收入群体。

一旦这种针对雇员的能力考核得到采用，像这位考官一样可靠的实践家就更加重要。某知名专门公司的其中一位所有人向我解释了他的公司如何处理新手招募。每位应聘者必须填写一份问卷并由主管上司亲自面试。此外，电话接线员和广告部应征者也被视为心理学机制理所当然的考查对象。如果事关特殊技能人员，还需进行笔迹鉴定。受托出具这类专家鉴定书的笔迹学家要进入雇员的精神世界，有如政府间谍深入敌国。二者都需要通过秘密途径从对方阵营弄到对其委托人有价值的资料。因而，对这种服务于集约经济的心理侦查法越来越多的利用也尤其标记出了现行体制在雇主和类型众多的雇员之间所设定的陌生性（Fremdheit）。在亟待全面观察之处，其实不再有人注目。恐怕只有当O公司的报告预言成真，适当人选来到

筛选

适当职位,情形才会好转。

那位多亏能力考官才得以走进私人办公室的佝偻女孩受到了命运的格外眷顾。也就是说,外貌在今天通常扮演着关键角色,而要被拒绝,根本用不着佝偻。"在劳动力供量庞大时,"社会民主党议员尤里乌斯·莫泽斯医生(Julius Moses)写道,"不可避免会出现某种身体上的'筛选'。明显的身体缺陷或许丝毫不影响工作能力,却会使相关社会弱势群体提早被迫成为残障劳动力。"(《自由雇员总联盟报》,1929年2月)。多方人士证实,这种情形不止发生在直接与公众接触的雇员身上。一位柏林职业介绍所的官员向我解释,有身体缺陷的人被认为是职业受限群体,要得到安置特别地困难,他们也许行姿跛异,也许只是惯用左手书写的人。通常他们会接受再培训。对于皱纹和灰白头发销路下挫,这位官员毫不讳言。我试着向他了解,要敲开面前这些企业的大门,外表现在究竟拥有怎样的魔力。在他的回答里,"和气""友好"这些用词频频出现,有如保留曲目。雇主首先期待一个和气的印象。看起来和气的人——举止和气的当然也在此列,即使文凭逊色也会被录用。这位官员认为:"我们应该跟美国人一样。人必须有一副友好的面孔。"为了提升友善感,职业介绍所会顺带要求应聘时必须刮脸,穿

雇员们
Die Angestellten

上最好的正装。一家大企业的员工委员会负责人也建议雇员们在老板来访时全副武装地穿着节日礼服亮相。我在柏林一家著名的百货商店听来的一则说法别具深意。"我们在招聘销售和办公人员时,"人事部一位有决策权的先生说,"优先考虑赏心悦目的外观。"如果远看,他会让人想起老电影里的赖因霍尔德·勋策尔(Reinhold Schünzel)*。我向他请教如何理解"赏心悦目",是迷人还是漂亮。"不完全是漂亮。关键其实在于品性良好的红润肤色(moralisch-rosa Hautfarbe),您明白的……"

我明白。品性良好的红润肤色——这个概念组合顷刻间令橱窗装饰、雇员和画报所填充的日常生活变得透明。日常生活的道德应该有玫瑰色泽,它的红润应该有道德打底。这便是筛选所被寄望的。这些寄望想为生活涂覆一层清漆,清漆掩盖着绝无玫瑰色可言的现实。唉!道德一旦渗入肌肤,玫瑰色便没了足够的道德力量去阻止欲望喷发。和开始燃烧不道德光亮的玫瑰色一样,未经粉饰的道德的阴郁同样会给现行秩序带去危险。为使二者中和,它们被彼此捆绑。需要能力考核的这同一个体制也生产着这种和气友好的混合物,合理化改革愈推

---

* 赖因霍尔德·勋策尔(Reinhold Schünzel,1888—1954),德国演员,在二十世纪二十年代,他以一系列或招摇或浪荡或欺骗成性的电影角色在德国家喻户晓,他的这类银幕形象往往有着极具亲和力的外形作为掩护。

进，品性良好的红润打扮愈有市场。几乎可以不担任何风险地断言，在柏林，一种雇员典型正在形成，他们整齐划一地向往着这种着意追求的肤色。谈吐、衣着、体态和面容相得益彰，如此这般的结果即是那叫人赏心悦目的外观，借助于摄影，这一外观可以被广泛再造。这是一种在社会关系的压力下进行的选种，并且，因为唤醒了相应的消费需求，选种必然地得到了经济制度的支持。

无论愿意不愿意，雇员们必须加入。争相光顾众多美容沙龙也是源于生存焦虑，使用化妆产品并非一味的奢侈之举。由于害怕变成旧货而被弃置不用，女士们和先生们纷纷染发，为了保持身材，四十岁的人做起运动。"如何变美？"一本新近投放市场的小册子书名如是，报纸广告则跟着说，这本书指点了很多方法，"通过这些方法，人们会看起来年轻又美丽，从现在到永远。"时尚与经济联手出击。当然，大多数人没有能力去看专科医生。他们成为江湖郎中的猎物，或者迫不得已只能满足于廉价得可疑的药剂。一段时间以来，前文所提到的议员莫泽斯医生一直在议会中为他们争取将毁容救济列入社会保障。起步不久的德国整容执业医师工作组（Arbeitsgemeinschaft kosmetisch tätiger Ärzte Deutschlands）对这项合理要求表示了赞同。

短暂的通风休息

一家现代工厂的商务经理在参观前向我说明业务过程。"商业方面的工作流程运作,"他说,"要将理性化落实到每一个细节。"他指着图表,图中的彩色线网阐明了业务过程。计划经装框后挂在他房间的墙上。另一面墙上有两个奇特的盒子,让人想到儿童算盘。盒子里密集排列着高低不同的各色小球,小球以竖线串起。将它们看上一眼,经理就立刻掌握了企业当下的局面。小球每隔几天会由负责统计的雇员重新分组。没有任何噪音传入房间,书桌上只铺着几张纸。上层似乎处处被这种树梢上的宁静笼罩着。我认识的一位实业界经济领袖就在他所执掌的庞大企业中如僧侣般离群索居,而某重要公司的老板据说是以灯光信号示意那些在他私人办公室的外门等候的来访者进入、等待或者离开。我想起发布动员令的那些日子,当时有

雇员们
Die Angestellten

消息说,当部队在外行军时,国防部长坐在他一派祥和的办公室里无所事事,这要感谢完备的部署计划实现的组织奇迹。当然,战争后来还是败了……"您知道环游票*什么样吗?"商务经理问我。我吃惊地点点头。"我要给您看看我们的环游票。"我们进到一个房间,房间的铁架盛放着数不清的小册子,它们的确跟环游票没有两样。折叠起来的一套票包含完成工作流程所需要的全部表单。工作流程即从订单到达到订货发出期间所要执行的全部事务。一旦订单踏上旅途,所循线路便由表单决定,肯定没有任何音乐会经纪人能够事先将演奏家的巡演确定得比这些表单更加详尽。企业主管必须监督整个行程,将他办公室里的装置和弗里茨·朗间谍片**里随意虚构的办公设备相比,就好比美妙的落日和典型的油渣照片。构成现实中办公室主体装饰的是一块布满彩色灯泡、橱柜顶上的那种饰板。说到底,如今红、黄、绿色调的唯一目的是将企业塑造得更为理性化。通过小小灯泡的明与灭,企业主管能够随时推断出各个部门的运转情况。在商务经理和我穿过办公室巡访一圈的过程

---

* 环游票(Rundreisebillette),指预先为多站旅行(或往返行程)购买的旅行票证。

** 弗里茨·朗(Fritz Lang,1890—1976),德国电影导演。文中提及的"间谍片"是指朗1928年的影片《间谍》(*Spione*)。

里，我们用脚步将他房间墙壁上的线网逐一丈量。奇的是，计划的工作正由真人操作着。为数众多的女孩均匀分布在鲍尔斯机器大厅里，为卡片打孔、写字。鲍尔斯机器（或"霍勒瑞斯机器"）* 被用于簿记和一切可能的统计，它以机械方式完成工作，在过去，完成这些工作曾经需要运转起来绝非完全可靠的脑力劳动和长得多的工作时间。机械处理的载体是布满数字行的穿孔卡片，企业的重要条目在卡片上以数字形式呈现。借助于打孔机，每张卡片被穿孔并随即在孔码中存储了簿记档案。制备的卡片转至隔壁房间的分类机和制表机。分类机根据条目的不同将材料瞬时整理完毕，制表机则将被打孔的数字填写在所需表格中，并自动添加栏目。先生们照料着这些笨重的怪兽，怪兽们的喧腾声远超过打孔女孩们单调的咔嗒声。我向办公室负责人打听女机师们的工作方式。

"姑娘们，"他答道，"打孔只六小时，余下两小时做文员。这样可以避免让她们过度疲劳。一切遵照定好的轮班制执行，所以每个雇员会接触所有工种。另外，出于卫生的考虑，我们会时不时插入短暂的通风休息。"

---

* 鲍尔斯机（Powers-Maschine）和霍勒瑞斯机（Hollerith-Maschine）分别是二十世纪初和十九世纪末发明的用于统计的打孔制表机，皆以其发明者的名字命名。

多么周到的设计,甚至没有忘记通风口。

"我们花了九个月来设计这一整套系统。"商务经理补充说。办公室负责人递了一本大部头到我眼前,上面记载着机器大厅里精确到分钟的工作实施计划。

"万一,老天保佑不会发生,万一您突然生病,"我对办公室负责人说,"别的人可以立刻代替您并且在这本书的帮助下接手领导?"

"是的,当然。"

他觉得受到莫大的恭维,先见之明得到认可,有先见之明的他已经做好万全准备,随时可以被人取代。

> "……我干或你做,
> 终归两相同。"

接着我们还去了工资及人事部门,各种事先印备的表格在这里被送入会计计算机。

已经转向真正机械化工作的主要是各大银行和其他大型企业,在这些企业中,费用高昂的成本投入是值得的。机械作业的商业优势并没有被夸大,比如,它的确使银行的活期账户部门能在最短时间内办妥账户并且每小时进行一次更新。由于在设备中已经投入了智力劳动,设备的伺服者就无须具备相关知识,而假如没有强制性地要求商校学历,他们完全可以一无所知。既然他们只与数字打交道,企业的奥秘也向他们关闭。对他们的要求只此一项:注意力。注意力不可随意切换,而要服从他们所操纵的设备的控制,同时必须和机器大厅里的噪音协作,与注意力密切相关的对象产生的吸引力越小,注意力的集中带给神经的负担就越重。有人抱怨在设计操作岗位时欠缺对身体疲劳的考虑。然而有的人恰恰赞美这份紧张何等美妙。于是,有人欣喜异常地描写机器快速运转、继续运转:"……不过照料它们可不能走神,它们会强迫操作者同时带动大脑以相应'转数'运转。而关键恰恰在此:工作因之产生节奏,依我之见,正是这节奏赋予单调的工作以魔力。"* 如果知道这种狂热论调是从一份企业报纸里摘出,而且这份报纸被持怀疑论的雇员称为"马屁喇叭",那么这句话就更容易理解了。连续的机械化工作在现实中是何等劳累,这可以从以下事

---

* 胡果·迈斯(Hugo Meis),《我们的工作机械化了吗?》("Wird unsere Arbeit mechanisiert?"),见《德国银行职员月刊》(*Monatshefte für die Beamten der Deutschen Bank*),1929年2月,第17页。—— 2006年编注版,第348页。

雇员们
Die Angestellten

实间接推知,这事实便是,和前面讲述的那家工厂一样,我所知道的好些企业都将机械工作限定为全天工作的一小部分,并且几乎无一例外地向机器操作人员支付特殊津贴。另外,喜欢把机器交由姑娘们对付是因为年轻女子的手指天生灵巧,而这生来的天赋遍地都是,难免无法为她们担保一份高薪。在中间阶层状况更好一些时,许多如今在打孔的女孩是在家里的钢琴上摆弄着练习曲。音乐总算是没有完全从国家经济管理委员会(Reichskuratorium für Wirtschaftlichkeit)定义的那个过程里消失:"合理化是运用技术和系统安排所提供的一切手段,提振经济并因此提高产出、降低成本和实现优化。"合理化可做不到这一步。我知道有一家实业工厂用薪水把姑娘们从女子中学聘走,动用自己的老师让她们在打字机上成才。精明的老师摇动留声机手柄,学生们必须跟随留声机发出的声音打字。当欢快的军队进行曲响起,她们又一次轻装前行。渐渐地,唱盘转速升高,姑娘们在不经意间敲打得越来越快。她们在培训年度内成长为速记员,音乐创造了花费低廉的奇迹。

在国家经济管理委员会的定义里,"人"这个词是缺席的。它恐怕已经被遗忘,因为它不再担当主角。尽管如此,我们会一再发现有雇员认为对"人"的排除是一种损失。跟上了年纪的雇员比起来,在现代企业里长大(同时变得渺小)的年轻人不会对过去的情形念念不忘。虽然一位银行全权代表告诉我，他的一个下属刚开始不愿了解任何有关合理化改革的信息，过了半年就自动调整过来了，可我也知道另一个案例，一个被调至机器旁工作的银行职员在两天后不辞而别。某大银行员工委员会负责人当着我的面心灰意冷地说，他认为这是人格价值的丧失。

他对人格的要求朴素得可笑。现如今，他说，一个账目经手人根本只是在"画勾"，由于误差来源极少，他能支配的时间受到核查。过去完全不同。那时候，一名主任会计是经验丰富的人，为厘清账目常常需要好些天时间，若他愿意，可以把这机会当作个人的闲情逸致，不必担心监督。照负责人的看法，人格价值或许体现在可以自作主张拖延工作。这一理解终于暴露了仍在我们头脑里作祟的唯心主义的人格概念，不过，论暴露之彻底，它远不及大学教授卡尔维拉姆（Kalveram）*的论断。在德国银行职员联合会杂志的一篇文章中，卡尔维拉姆教授否认在机械化办公中存在着非人化的危险，他进一步表示，操纵机器要求人的全心投入，并解释说："按照德国人的

---

* 威廉·卡尔维拉姆（Wilhelm Kalveram, 1882—1951），企业管理学家，信奉科学管理对生产力提高的实效。

理解，工作应该引致自我人格的彰显和实现。工作应该被视为替我们所从属的全民共同体的伟大任务效力。"* 对卡尔维拉姆教授这一囿于唯心主义的苛求最有力的反驳莫过于他在该文另一处所作的叙述，他说，在机械化企业中工作的大众，其工作范围已被收窄。事实上，因为合理化改革，许多雇员类型的处置权变小了。在一家大银行，有人向我担保，全权代理人或许还承担着必要的职责，办公室负责人最近都被叫作"寝室长"了；戏谑新词，道尽势衰。在和我的交谈中，一位人事主管只是以他的方式表述了职能的转变，他认为中、低层雇员的专门化并无危害。很多领域正在经历专门化的过程。比如，由于市场日益理性化，采购员不得不交出他们的自主权；比如，车间主任过去被委以技术指导权，如今，他在生产过程中履行的职能就着实有限。一位知情人透露，上了年纪的车间主任也瞧不上新做派的同事，就好比手艺人看不起工人。正因其权力被稀释，可替代性升高，车间主任工会当时加入的就是自由雇员总联盟。可是，如果工作愈发变成片段化的职能，

---

* 威廉·卡尔维拉姆，《社会问题：办公室组织的合理化改革》（"Rationalisierung des Bürobetriebs als soziales Problem"），见《银行职员报》（*Bankbeamten-Zeitung*）第33卷（1928年），第11期，第153—156页、第154页注释。——2006年编注版，第349页。

短智的通风休息

空谈人格又有何用？

在如此情势之下，保持职业乐趣是困难的。尽管雇员工会联盟杂志的一篇文章以令人嫉妒的乐观态度发出了号令："关于工作和工人的心理学研究将寻找而且必须找到通往工作乐趣的道路。"* 然而，终究不可能用科学造出万能的女仆。科学一面要令企业变得理性，一面又要创造被理性革除的轻松气氛，如此要求未免过分。更明智的做法还是抢救对工作的兴致，其目标直指更优渥的升迁机会和更高的薪水；甚至卡尔维拉姆教授也支持这种看法，认为"决定人们对其工作的看法的"绝非"只是薪水问题"。** 不过，正如下文还将让读者注意到的，这条建议如今执行起来受到相当限制。在雇主里的思想家看来，职业乐趣当然首先事关精神生活。其中一位先生在这个题目上表述得格外玄乎。他大概是这样跟我说的，每一种职业都有其

---

* 阿尔布莱希特·沙普（Albrecht Schapp），《通往工作乐趣之路》（"Wege zur Arbeitsfreude"）。见《雇员工会联盟：雇员工会联盟杂志》（G.d.A. Zeitschrift des Gewerkschaftsbundes der Angestellten）第 10 卷（1929 年），第 9 期，第 152 页。—— 2006 年编注版，第 349 页。

** 威廉·卡尔维拉姆，《社会问题：办公室组织的合理化改革》，见《银行职员报》第 33 卷第 11 期，第 155 页。—— 2006 年编注版，第 349 页。

乐趣，例如，街道清扫工可以从他的日常工作中创造出某种独一无二的东西。我反驳说，只有得到来自外界的应有认可，街道清扫工才会从他的独一无二中感到乐趣。如果才华一直受到忽视，就连艺术家也会心生怨愤。那位雇主在《社会实践》(Soziale Praxis) 的编辑路德维希·海德教授（Ludwig Heyde）那里找到了忠实的同盟者，后者的"单调幸福论"无出其右者。这套理论绝对独一无二，从中看不到丝毫机会可以帮助哪个独一无二的街道清扫工挣得当之无愧的报酬与尊重，而最起码，我愿意保卫这独一无二的理论免于消失。这套理论为工人量身定做，但同样适用于人数众多的雇员。海德教授在一篇论文*里想到了新近的单调研究，这一研究得出的结论是，有些人深受单调工作之苦，另一些人反而适得其所。"应该承认，"海德教授紧接着写道，"借由工作日复一日的单调，思想才有暇兼顾别的事物。于是，男性工人想想他的阶级理想，或暗暗清算他的所有对手，又或替妻小操心。与此同时，手上的活计照干不误。女工，尤其仍然自认是年轻女孩的女工，职业工作于她无非是暂时现象，在单调的工作中，她幻想着少女小说、

---

* 收录于选集《德国国民经济的结构转变》(Strukturwandlungen der deutschen Volkswirtschaft)。——正文注

电影剧情或者婚约；和男人相比，她对单调的感觉更加迟钝。"应该承认，在这番灵魂帮助式的冥想背后，梦想无疑在，工人们可能真的只有暗暗思考他们的阶级理想。跟学究气的陈腐比起来，一位工厂经理最近在一场劳资谈判中的坦率表态真让人舒心。工厂经理对雇员组织的代表说，他深信，商业雇员或者会计的生活单调得让人吃惊，他本人恐怕难以甘心于这样的生活状态。他随后又补充，那些遭受单调的人看起来实在不像深受苦运煎熬的样子，因为他没在任何地方看到过麻木绝望的情绪。面对向他提出的要求，他不屑一顾，他的话却不会因此归于无效。

许多经济界领袖针对夸大机器的应用能力提出警告，而的确，很多企业，尤其是中小企业，拒绝激烈的合理化改革。正因如此，随着生产的益发集中，雇员工作的机械化程度将会进一步升高。雇员们自己如何判断这一发展呢？即便雇员们（包括激进团体在内）在意识形态领域频频回避他们面前的处境，而不是对之加以分析，他们却无论如何不情愿用大学教授的智慧为他们必须吞下的药片加上甜味。一位小个头的打字小姐在一家对她来说太大的企业里工作，她毫不客气地当面对我说，她和她的女同事们对机器咔嗒声没有一点兴趣。此外，各种工会希望引导雇员群体全面了解合理化改革的效率，社会运动的历史让它们明白，没有比砸烂机器更本末倒置的做法了。"机器，"一位员工委员会委员对我说，"应该是解放的工具。"看来他经常在集会上听到这个说法。正因陈旧，这个说法更显动人。

组织中的组织

"我……要事先澄清,在没有接到通知而被解雇之前,我本打算向公司管理层递交这份被引用的陈情书,因为我坚信,高层负责监管的先生们对有关事实毫不知情。"这段话出自一份向劳动法院提交的诉状,作者是一个被剥夺了财产的小市民。战前,他曾经管着一大帮人,战后,作为战争伤残者,他只好做商业雇员谋生活。不过这在本案中并不重要;他因未告假旷工两天而遭解雇也不是关键。唯一重要的其实是,高层负责监管的先生们对有关事实毫不知情。是谁在他们和事实之间设置了壁垒呢?正是原告的上司,此人甚至还不是部门主管。起诉书称,这个男人算是一名副主管,他总是没完没了地嘲笑和刁难他的属下。"我们会让您服气的。"副主管曾经威胁说。或是说:"我们就要停掉您的救济金了。"侮辱必定灼痛难耐,

雇员们
Die Angestellten

因为它们被永远盘存在册。人们了解到,这个讨厌的人总是强迫受害者遵照他的错误指令工作;他管这个已经受够侮辱的人叫装病者;他调唆后者和部门主管对着干,又煽动部门主管对他反感。通过案卷会知道,这个办公室怪物也折磨原告的同事。如果他们当中有人打算申告,他就立马宣布:"我什么都不承认。"因为害怕,大家保持了沉默。绝望之下,原告开始喝酒,不按规定出工。"我已经准备好心平气和地和解,"他在末尾写道,"不过,如果X先生(副主管)继续留在公司就不和解。"这段话至少在纸面上努力维护着小市民的个人自尊心。在劳动法院听证会的最后阶段,作为公司代表出庭的是高层负责监管的一位先生,他不认识在外围部门任职的副主管,对原告更是一无所知,对于后者没有直接向总部申诉,他表示感到惊讶。说不定,这位先生还算不上企业的核心高层。这家公司以行事规矩而闻名。

如果说文学创作向来模仿现实,那么在这里,它走在了现实的前面。在弗兰茨·卡夫卡的作品中,人类迷宫般的大公司(其可怕让人想到为孩子们准备的错综复杂的路劫骑士的城堡纸板模型),最高当局的不可企及,都得到了终极描述。这个困顿的小市民看起来借用了卡夫卡的语言,他的控诉涉及的无疑是一桩极端案例,但是的确精准地点出,中层负责人,即通常的部门主管,在现代大型企业中所占据的独特位置。他的职位相当于低阶军队指挥官,之所以举足轻重,是因为合理化改革已经使企业各领域之间的关系变得比过去更加抽象。组织越是计划周严,人和人之间的联系就越少。身居高位者几乎没有机会了解底层雇员的情况,来自底层的目光更无可能向上穿透。接收和传达指令的部门主管扮演着中间人的角色。如果他能像对待下属那样对上层直言相告,人们或许就通过他终于被连接起来。可是,真正承担责任的高层负责监管的先生们身在何处呢?就算是部门主管所仰赖的经理,如今处境多半身不由己,他若情愿自贬身价,也会乐意把自己称为雇员。在他的头上还有监事会和银行的法定代表,决策顶层则消失在金融资本的幽暗天幕之中。高处的人退到如此之远,他们在内心深处才不会再被生活触动,从而可以纯粹基于经济考量做出决策。这些决策要求尽可能地从一个部门压榨出更高的效能,而部门主管必须设法满足这一要求。命令兴许还意含强硬,可是上层并不认识员工。认识员工的部门主管这一方则或许不愿意拿自己的职位冒险。可以大胆地设想,假如不止是部门主管,而且实权者也表现出相应的善意态度,不人道的行为仍然不会停止。这些行为是现行经济制度之抽象性的必然后果,驱动这一制度的各种动机极力避免与奔忙于组织中的人们形成实在的对立(reale Dialektik)。

一个亲近民主党的雇员组织的理事和我分享了他的经验。他认为,只有具备非常才干的部门主管有胆量对抗糟糕的管理措施。普通的部门主管不会这样做。他又谈到,有些不正常的无赖要求受到尊崇的对待,他们以计入裁员名单来威胁姿态不够低下的人。所以他得出结论:"在选拔部门主管时应该格外谨慎。"十分令人怀疑的是,那些喜欢任用曾经的军官担任部门主管的大企业会不会遵循这条忠告。至少,在军纪盛行之处,容易想到的危险是,"自行车骑手"频繁出没。"自行车骑手"是对某些谄上欺下的学生会主席的流行称号。*幸运的是,并非处处世情污浊。某银行员工委员会委员向我夸耀他们那里的上下级关系有如同事,而一位保险公司的雇员声称他已经注意到,今天的年轻人对待上司的举止要比过去随意得多,这个年纪稍长的小个子男人白费力气地想用一把小学老师式的胡子掩饰自己的瘦弱。如果不是他的胡子,瘦弱的身体早就置他于死地了。另外,被施加的极小部分压力或许要归结于劳动力的

---

* "自行车骑手"(Radfahrer)的这一引申含义源自人在骑行时上背弓俯、下肢蹬踏的形象。

大量过剩和当前逼仄的生存活动空间。

　　雇员层级的构造受制于企业主的心态。企业主若持一家之长的姿态，那么部门主管就是小家长。在一个实行全盘军事化管理的企业里，主管部门在处理异议时必须严格持守己责。当雇员乖觉顺从或者一心钻营时，家长们大概会认为万事如意；然而，帝制德国的当权者也曾经这样相信。不管怎样，更有远见的是那些根本极少露面的雇主，为了自身的利益，他们懂得让步和设置应急阀门，让不满情绪可以经此烟消云散。为了对下级家长们的专权实行监管，一家庞大企业的人事主管在过去一段时间以来在他门上已经不再挂惯常的"入内须提前预约"的牌子，所有雇员基本无需预约便可与其交谈。据称此举一经推行引得大批员工蜂拥而至，以至于他不得不扯着喉咙赶走一群气急败坏的人。现在只有四五个人动用直接申诉权，不过多半少有人在理。阀门还是不宜开得过大。在另一些地方，办公室主管被敦促按照固定格式为下属撰写鉴定。经常出现的情况是，如果雇员现在从一个部门调至另一个部门，对他们的鉴定书进行比较就为检查他们的顶头上司的可信度提供了某种可能性。或者，在公司摆上一个信箱好让低层雇员们一吐为快，他们可以将完善企业的建议投进去，信件无须具名。"所有提交建言的那些人，"某企业报纸写道，"以此证明他们是关心公司的同仁。"如此一来，信箱口盖一石二鸟。

"我们对商业新生力量的培训，"某企业经济学家在一篇文章中就商业组织合理化改革进行说明，"力图通过设置新颖和深入的目标推动年轻人的性情和人格发展，从而，针对片面的工作方式的危险，构成一种强有力的平衡，这种工作方式的危险因办公组织的合理化改革而产生，这种工作方式的责任范围受到最严格的限制。"* 这段话重点在于承认了，伴随着日益专门化，雇员大众变得越来越片面了。"可惜现在银行职员的视野都变窄了，"一位银行职员抱怨说，他认为过去他们的视野更开阔，更多企业主则当面向我表示，他们在年轻雇员的片面里看到了危险。不过，当他们尝试着对付这一危险时，根本不会是因为"性情和人格发展"。准确地说，领导层之所以关心新人的培养，主要还是因为，这是迫使工作变得机械化的同一套经济原理对他们提出的要求。"深耕人才是必要的。"一位经济界领袖对我说，他指的肯定不是人性方面的深入。因为

---

* 威廉·卡尔维拉姆，《商事企业组织的合理化改革》（"Rationalisierung der kaufmännischen Betriebsorganisation"）。见哈尔姆斯（Harms）主编，《德国国民经济的结构转变》（*Strukturwandlungen der Deutschen Volkswirtschaft*），第一卷，第 243—277 页，引文见 276 页以下。—— 2006 年编注版，第 350 页。

需要高级人才，故须栽培人才。分工越细化，越难发现这样的人才，于是很多大型企业自行承担起培训员工的任务。技校不是没有，但就读进修课程需要提供助学金。一家大银行的人事部门负责人向我讲解其公司的安排，然而，这些安排并非服务于前文引述的句子里措辞稍显热心的所谓"设置新颖和深入的目标"，而是为企业的特别需要效劳。在所有学徒经过公司必修课程的粗略雕凿之后，他们中间有能力的人被上报给人事部门，和年轻雇员们一道参加课程，接受部门主管和经理们亲自进行的深度打磨。其他公司的操作大致类似，至少，我知道一些公司把它们认为有业务前途的年轻人经由各个部门送往国外。一家百货公司的宣传册提到了对非义务教育年龄段员工的培养，并且就此做出如下说明："这里需要特别提及定期举行的员工'协商会议'，这在重大活动之前尤其重要。"可惜，"协商会议"这个高调的词因为引号变得紧巴巴的，引号大概是要防止这类协商会议的深刻目标被拿来和监事会更加深刻的目标混为一谈。当然，早就不是所有企业出手都这样阔绰了。一位专业人士称，对出师的新人而言，尽管二十几岁通常正是历练商业能力的时机，但是他们的机会实在少得可怜，一位官员的观察完全在理，他说，雇员们常常是没有接受任何再培训就在他们的岗位上变老了，头发灰白。

雇员们
Die Angestellten

任何培训，本意也在于让受训者更进一步。现实之中升迁机会极微。有的人在通胀时期或是更早以前就已经被擢升到比如商业代理人这类几乎最高的职位，他们甚至已经又在走下坡路了。现在，他们不得不待在底层终老。一个银行经理平静地向我坦承，机器旁的人们并没有可值期待的实实在在的事业，这个事实或许总还是对其余类型的雇员有帮助。的确，如果升迁机会与景气无关，那就要在企业主这一方找解释。喜欢思考的雇员将他们恶化的职业前景和当下的代际分层、机械化和集中化运动联系起来。候选人数已经增加，只得一人中选，一位上了年纪的技师表示："调整之前有十到十二个设计室，现在只有一个了。管理层希望和尽可能少的人谈判。"说到这个，有时其实是管理层自身严重超编，保险公司那个留着翘胡子的瘦弱男子注意到了这一点。通常情况下，银行的报告不会透露人事开销中有多大一部分流向了高层负责监管的先生们的口袋。

可是，以上一切理由不足以解释这样一个事实：一个公司的雇员几乎爬不到最高职位。曾经的前台小年轻因为能力出众而升任合伙公司的独立代表，此事肯定发生过；偶尔有个总经理来自基层，就一再被拿出来作为大众的榜样。就连前文引用过的百货商店宣传册也获准以几近颂扬的措辞为公司唱赞歌："很多女士……哪怕采购员的职位都在奋力争取。这当然是一种成功，是她们通常在世俗生活里很难或者说根本无法企及的成功。"然而，个案对惯例，有什么作用呢？普通雇员、官员、员工委员会委员和议员们向我证实，领导职位几乎从来不会由企业内部人员递补，而是从外部派任，而一位出于职业式乐观常常美化事物的工会领导人给我举出大堆案例，证明所有这些外来者的良好出身和社交能力。事实上，一位在德国经济生活中举足轻重的人物跟我坦率地谈到了上流党。"进入其中，"他说，"或者因为出身，或者通过社交关系，或者出自和重要客户推荐；很少有凭业绩在公司出头的。受荫护的年轻人被安插进企业，唯一目的就是为他们将来掌权铺路。另外，他们的事业只在圈子内部消化，人员多半自我补充，收入亮眼，让众人相形见绌。万一真有人要退隐，自有人替他操心，很多位子就是闲差。"

说到对这类非议的抗拒，很少有人像那位退休的银行经理一样心不在焉，在回顾自己的起步时，他先是一字一句地说："我在商界和银行界没有半点亲戚或是朋友关系，"稍许停顿后，他接着说："柏林的一个叔叔跟银行有来往，他领我去见X银行的K经理……一番简短的考核之后，K先生就跟我说，我可以入行了。"公司的报纸——正是前文引用过一次的"马屁喇叭"——报道过这位老态龙钟而且神思恍惚的老先生，出于本身的需要，报纸用无法自圆其说的登天故事迷惑读者，显然全没有注意到其中的矛盾。和这种自我暴露的天真相去甚远的是，企业主们总在抱怨缺乏优质的新生力量。据他们说，年轻人对提升自我不感兴趣而且不愿承担任何责任。设若战后一代的雇员大众当真如他们宣称的那样麻木，他们之所以如此就是因为，他们大多数人不得不在导致他们麻木的条件下工作。是因为，后文将会讨论的各种麻醉和分散注意力的手段持续麻痹着他们。是因为，在他们中的很多人身上，在这些并非一无是处的人身上，对渺茫机会的察觉提前将野心遏制，而这渺茫的机会，是人们在背地里对他们议论纷纷的所谓懒散的结果。

啊，真快……

在威廉皇帝纪念教堂的对面，荣耀宫电影院和大理石电影院彼此呼应，有如达达尼尔海峡的壮丽城堡，近来，那里站着一名男子，身上挂着一块牌子。男人看着可怜，牌子上写有他的小传。大写的文字让路人了解，这名男子二十五岁，是丢了工作的生意人，他正在自由市场上找工作，干什么都可以。但愿他已经找到，看上去却没有可能。关键问题是：这个男人算年轻还是已经老了？如果照德国雇员工会总联合会杂志所转述的一则报纸广告的用语来推断，他已经被归为老雇员了。因为，在这则广告里，某男装店打算招聘一名年龄在二十五至二十六岁的老售货员。照此发展，婴儿很快就要被算作年轻人了。不过，假如男装店对年轻的理解都能这样夸张，那么，今天商业生活中的年龄分界的确已经大幅调低，比如在四十岁这个年纪,很多仍然自认精力充沛的人,很不幸,在经济生活中他们已然作古。

裁员是为他们提前备下的结局。前文提到的德国雇员工会总联合会杂志(1929年第5期)尤其关心老雇员,有文章写道:"我们时代典型的经常重复的消息是,只有年轻人被录用,老雇员都被赶走了……这些消息刚好大多出自年轻雇员之口。"或者像刚刚出版的德国雇主协会联合会(Vereinigung der Deutschen Arbeitgeberverbände)备忘录*所解释的:"单个企业的调整,与合理化改革措施相关的企业管理机构的重组,这些当然也使得裁撤少数上年纪的劳动力势在必行,对应于各企业和各工业类群各不相同的结构,裁撤的波及面不尽相同,但是为了维持企业利润,裁撤是不可避免的。"啊,他们使用的也是彻头彻尾理性化的语言!顺带要说,这份出于谨慎而仅仅言及"少数"雇员的备忘录,仍然将裁员归咎于经济形势遭受的困境,而造成这一困境的是昔日自雇者和无数非技术人员在战争和通胀期间的涌入。非技术人员再次成为清除的主要对象。裁员的总动机终究要有一些特别动机作为补充,正是这些动机

---

* 书名为《老雇员就业市场状况》(*Die Arbeitsmarktlage der älteren Angestellten*)。——正文注

迫使老人们受到排挤。或许，合理化改革之所以必定乐意踩着处于发展后期的老人们的尸体前进，是因为最高数额的议定工资与这些人须臾不离。况且，他们大多已婚，一家大型雇员工会的社会福利专家解释说，他们有权要求补贴；可是，如果把机械化的工作交给单身而且拥有年龄资本的劳动力，工作能够被同样好地完成。

裁员手法有快有慢。相较于裁员之实，这些微妙的细小差别或许也无足轻重，但是忽视差别更不恰当，更何况，按照雇主备忘录之说法，裁员从来只事关少数雇员。前段时间，某大银行的一批机器女工收到了辞退信，信之简短与这班人的工龄之长成反比。对于打孔女孩，人们通常指望"自然损耗"；这说的是，当她们自觉年纪已到，人们期待她们自行离开。这些被辞退的人虽已年过三十，却是纹丝不动。难不成她们还打算一直不停打孔、自我消耗，直到确保得到额外补偿吗？她们得到了一笔数额慷慨的赔偿，可是，在这样的年纪上，她们几无可能再被录用。她们当中有一位三十九岁，除了补偿金，就只有一位没有工作能力的母亲了。诚然，这些女孩的不幸往往要怪她们自己愚蠢。因为手握一份薪水，又有办公补贴加持，她们在经济上完全能够应付，面对会让物质状况恶化的婚姻，她们畏缩不前。这以后，一旦被裁，无论是新职位还是夫婿，

雇员们
Die Angestellten

她们都力有不逮。有时候，这个过程慢动作般地发生。为了推延已成定局的解雇，有银行把所有裁撤人员积压在一个后备部门，尽量在这里对他们好加利用一段时间。如果情况顺利，甚至有人从仓库回流到银行工作中去。各位一定还记得前面提到的那些被留声机培训成速记员的女孩。她们被分到办公室，甫一上阵就把全部高年资的女同事给敲了下去。后者的身体里没有音乐，所以丢掉了支付给青春火焰的津贴。最终，人们对她们失去耐心，将她们再一次交由曾经为她们提供写字间的人事部门处置，可是，人事部的负责人同样更中意手快的留声机女孩。渐渐，她们在外终老。

不同类型的雇员遭遇的裁员各不相同。年长当然并非一贯的弱势因素，不过，技术型雇员比商业雇员承受的负荷更大。"在财务室，"一名工程硕士*向我解释，"需要的是有历练的人，完全不看重年轻人的冲劲，后者只会因为要求过分而激怒车间里的工人。"当然，他本人就是一位有年资的会计师。按照他所提供的信息，加入车间主任协会的车间主任们平均年龄超过五十岁。企业也并非一概热衷于年轻化。例如，一家专

---

* 工程硕士（Diplomingenieur）是为工科专业颁发的学位。德国大学学制特别，Diplom 是大学毕业即获颁的学位，从学制和学位资格要求理解，该学历对应于大多数国家的硕士学历。

注于个人客户服务的专卖店，它对剧烈的人事变动丝毫没有兴趣，反而希望尽可能长时间地留住熟练的雇员。我知道的几家百货公司同样没有轻忽年长者的智慧。某百货商店人事主管，就是那位认为"品性良好的红润肤色"赏心悦目的先生，他也极力证实他们以年长者为荣，他提到，每一位服务超过二十五年的员工都会得到致辞的礼遇。致辞含有礼敬之意。重要的是，少数大银行和实业工厂冷静下来，放弃了向"青年旅舍"的急速转型。"明显全痴半傻的人，我们当然不可能永远拖着他们"，便是在辞退老员工时，有这样一家银行机构的人事经理对员工委员会负责人所说的话，后者则转而向我说明，这些老员工原本就是被照顾进来的。可以想见，最惬意的莫过于在管理高层变老，这里的住户往往清楚知晓如何利用长期合约和数目可观的赔偿担保条款保护自己免于被裁。企业里的变天几乎从来不是高层雷暴。

合理化改革的真正风暴已经过去，但是"各项举措的最终贯彻在当前时间点尚未完成"，雇主协会这样写道。企业合并、部门解散或整合将会继续。如果说不变即死，那么对老雇员而言，以上变动绝不意味着生。不过，人们比过去行事更加谨慎，因为他们对社会民主派的抨击还心有余悸，就连雇主备忘录也承诺，"当裁员以及职位再分配势在必行，要在经济能力允许的范围内改善老雇员的处境。"于是，一家原打算在夏天再度裁员的银行向员工委员会允诺，非到万不得已不会淘汰老职员。可若是到了万不得已之时呢？多方人士向我证实，最缺乏生存安全感的恰恰是银行职员，尤其是已过发展期的老人们。"他们情绪低落，"有人说，"因为解职的达摩克利斯剑悬在头顶。"另一人的措辞没有那么讲究："过去人人相信会有终生职位，如今有的是被辞退的恐惧。"现在，他们对工人感同身受。

通过《解雇保护法》（das Kündigungsschutzgesetz）和其他一些措施，公众已经在极力限缩老雇员的窘境。但某些由雇员组织提出、其施行可能限制企业主个人主动性的建议势必无法被采纳；例如，要求给予老雇员法定优待。下面这个被上诉至州劳动法院的案例显示了众多大型企业如何罔顾这一类要求。该案更证明，有时候，对于法律未予支持的，至少可以有所推动。三十三岁的女速记打字员从1913年起在一家大型实业公司任职，由于合理化改革，她的部门与另一部门合并，在此之后，她很快就只作为普通打字员被留用。半年后，公司以绩效欠佳和经常旷工为由解雇了这个被降职的人。上诉法庭裁判维持一审判决，认为，尽管存在经常旷工的事实，解雇行为中仍然存在重大危难（unbillige Härte）。"原告工作是否的确过于拖沓，"判决书就绩效欠佳的指责发表意见，"或是其同事尤为卖力，暂可搁置不论。"特别重要的是判决理由那一部分，即，针对多年以来行事端正的雇员，判决措辞明确地要求企业对她承担道义责任。"上诉法庭认为，考虑到企业的规模和实力，"判决开门见山，"被告本来是有可能继续聘用她（即原告）的，或者作为速记打字员，或者在档案室，或者在包装部门担任文员……一个在企业里供职十五年的雇员，在业务或人事方面直到不久前都无可指摘，当她无法完全达到某个职位的要求时，理应尝试以上做法。因此，原本应该竭尽一切可能促成她在其他岗位效力，在这个岗位上，她能够以有利于企业的方式完成其工作。"前速记打字员获得了一笔赔偿。

当然应当竭尽一切可能，因为老人们一旦恢复自由身便几乎不再会被雇用，这是他们真正的不幸。他们就好像染上了麻风病，企业的大门向他们关闭。冒着令诸位觉得乏味的危险，我要公布一些失业者就一项问卷调查所做的回答（德国雇员工会总联合会杂志1929年2月1日编发），这项调查由雇员工会总联合会主持。

1. 前企业主管，薪水约400马克。不得已变卖了家具和皮大衣，出租了一间房。今年40岁，已婚。两个孩子的父亲（男

雇员们
Die Angestellten

孩三岁半,女孩半岁)。25年4月1日至今,无业。

2. 三十九岁,已婚,三个孩子(十四、十二、九岁)。三年没有挣钱。未来?工作、疯人院或煤气阀。

3. 被解雇,因为要安置文职候补军人。我变卖了我的家具。战前自己有很多生意,因为战争和应征入伍不得不放弃。回来时妻子过世。全部积蓄被全民大欺诈(通货膨胀)洗劫一空。现年五十一岁,所以处处听到的只能是:"这么老的人我们不用。"我的最后一步是自杀。德国这个国家是杀我们的凶手。

4. 我已经精神崩溃,时不时有自杀念头。另外,我已经不相信所有人。三十八岁,离异,四个孩子。

5. 未来?绝望,如果不赶紧为我们这些上了年纪、完全具备工作能力而且受过完整教育的雇员做点什么的话。四十四岁,已婚。

6. 未来,绝望,没有出路。速死可能最佳。——三十二岁人(!)所写,已婚人士,两个孩子的父亲。

雇主们以抨击劳资协定(Tarifverträge)来对付这些催人泪下的告白,劳资协定的刚性确实在今天制造了错综复杂的局面。"劳资协定目前的架构通常自动赋予雇员随年龄增长而要求更高工资的权利,"雇主们在备忘录里表示,"在很多案例里,这对于老雇员的安置构成了不能低估的障碍。"不幸的是，这样的争论不可避免会出现。绝望之下，一些被裁撤的人接受了对手的停战条件，而后者自身往往也在困顿之中。1929年4月底，有人在一份畅销的日报上登出广告：

工资标准算什么！

薪水面包我更爱。哪位雇主愿意要一个可靠、多才艺、有文化的商业雇员？

四十将尽，内外勤皆可。

这个男人有没有变成雇员不得而知。有的人似乎退让也是徒劳。至少有一位被裁撤的先生是这样，他四十三岁，曾经做过审计师和人事主管，薪水800马克，他在前文引用的德国雇员工会总联合会的问卷里报告过："哪怕我自愿做会计而且只要求200马克报酬，所有求职信还是都被退回来了。"那些有一笔数目可观的安置费确保安逸自主的人们显然堪称幸运。其他人卖着报纸，或者当城铁乘务员，消失于柏林。

在对老人们的厌恶背后，最没有想象力的人也会察觉到尚有他们无法领会的隐秘动机。有一名工会秘书，他是纯粹就事论事的典型,在解释这一现象时,就大胆求诸心理学的公海。"这涉及大众的一种精神病态。"他说。是的,他谈到心理上的混乱。事实上,今天老人所遭遇的轻视不只因为他花费高昂。"年轻人就是更容易对付",这是个耳熟的说法。似乎就算有人愿意雇用老人,他们还不那么好对付。即使为了企业的盈利,对待老人如此不加体恤,其程度或许也超出了必需,究之根源,终归在于当代对老人们普遍的抛弃。不只雇主阶层,所有民众已经避之不及,惊慌失措地赞美青春本身。青春是画报及其读者的偶像,上年纪的人追求它,认为还童术可以留住它。如果变老意味着走向死亡,那么这场以青春驱动的偶像崇拜就是逃离死亡的信号。但是,死亡对人们的合围头一次向人们开示了生命的内涵,"青春美好,去不复返"在现实中意味着,青春所以美好,因它去不复返。死与生如此紧密地交叠,以至于人们无法舍死取生。一旦年老失势,尽管青春胜出,生命却满盘皆失。追踪青春的游戏再清楚不过地表明,人无法主宰自己,而将青春唤作生命是一桩后患无穷的误解。毋庸置疑,历经合理化改革的经济组织即便没有制造这种误解,也助长了这一认识。它对这一理解越是没有把握,就越要用力阻止职业劳动大众追问其意义。然而,不允许人们注视意味深长的结局,他们也就无法把握终极的结局——死亡。他们的生命被拦截，被引回源头，回到青春，而生命之为生命，必得遭逢死亡。为生命提供源泉的青春将达致反常的充实，因为真正的充实受阻。现行的经济方式不愿被识破，赤裸的生命力于是必占上风。越过了必要界限的对衰老的贬踏是一种抑制，拔高青春同样是一种抑制。两种现象间接指证了，在当前的经济和社会条件下，人们活不出本来的样子。

就此而言，社会即自然，和一切有生命的自然形成物一样，急于对它的缺陷进行自我修正。裁员的事实和雇员出版物的警告已经导致商业雇员后备力量的减少。一位来自零售业的法律顾问不加思考地向我表示，他不愿意让儿子选择一份轻而易举就有可能再被撵走的职业。公司向职业介绍所和工会要求的新鲜学徒供货并不总是立等可取。姑娘们也不是随处招之即往。面对百货商店等企业的长久工作时间，许多人畏缩不前，他们宁愿选择下午天还亮时就收工的商业办公室。有人保证，在未来五年内，整个就业市场的负荷会因为战时出生率的下降而有所减轻。一些经济决策人士却认为，其影响很难持久，因为，在未来很长一段时间里，出生人数的下降和战前尚未消化的过剩供量并不相当。"不接收高年资人员的趋势在此期间仍会继续。"职业介绍所的一名实务家断言。他将一部分责任归于学徒体制,这一体制有损熟练劳动力的利益,尤其是在零售业界。可惜,充满希望的统计学考量也无法改变这样一个事实:与此同时,被裁撤的老雇员不停变老,所有的人只能活一次。

修理车间

员工委员会（Betriebsräte）在大型企业中都拥有自己的办公场所，在这些地方我总忍不住兴奋，感觉自己似乎停留在享有治外法权的领地。尽管身在企业，却还是在其管辖之外。这些飞地通常配备了接待室、电话，当然还有一位女秘书，不过，这套装备的外观比实际更咄咄逼人。"颤巍巍的老头子们一开始对无产者大感吃惊"，一位年长的雇员向我如此描述员工委员会的委员们在监事会的首次亮相。颤巍巍的老头子们很快镇定下来，而且，尝试用行政技术措施阻拦受雇方代表影响的做法并不少见。重要的协商如今在下级委员会举行，在其中，银行代表和大股东彼此都是自己人。"因此就当前情势而言，"德国工会总联盟机关杂志《工作》（*Die Arbeit*）上的一篇文章写道，"员工委员会的委员们在监事会的任务不是大吹

雇员们
Die Angestellten

大摆,而是要保持缄默,尽可能多地学习。"德国银行职员总联合会的一名工作人员也注意到,留在监事会里的并非总是委员会最有能力的人。即便是在日常运作中,很多公司还是最不情愿忍受这些法律上的平级机构。我知道有一家中等规模的企业,其商业部门主管不久前通知他的女秘书,一旦她入选员工委员会就会立刻受到惩罚性调职;她现在继续担任着主管的秘书。和这种老式企业相比,所有与受雇方代表相处得体的企业无疑更加精明。它们省去了不必要的麻烦,并且大都对《员工委员会法》(Betriebsrätegesetz)相当精熟,能够利用法律的弱点。此外,它们明白,当员工委员检查餐厅膳食或者参与解职决策时,部分地也是服务于企业的整体利益。有一家大银行甚至将员工委员会理解为干才培育室之类的地方,它乐于使用这些人才。当然,这家银行的雇员们背地里议论被选中人是"猎官者"。这个侮辱性用词一看便知出自怨愤,却也明白地道出了委员们所陷入的困境。在局面安稳的企业里,委员们往往必须扮演调停人的角色,几乎无可避免地会招致自下而来的质疑和自上而来的诱惑。更为激进的工会的工作人员向我解释,他们发现危险尤其在于大企业员工委员会负责人所享有的工作义务免除。顺带要说,在委员会中的技术人员那里,这项特权根本不受欢迎,因为他们担心长时间的中断会让他们与要求业务持续精进的职业失去了联系。在这些摆脱了雇员关系的人当中，有些人在自己所属的协会里或者被认为过于顺从，或者被认为没有始终成功抵挡资产阶级倾向。在一家构造如社会般精巧的企业里，员工委员会负责人拥有不输于总经理待遇的套间。这些套间不仅供他使用，同时也是为重要客户准备的展品。这家企业的人事主管态度和善，他热心地跟我说起他和员工委员会关系良好。"我们这里的委员立场温和。"同是这家企业的一位雇员对我说。

不论雇员代表有没有尽力做到温和持平，起码他们在历经整顿的经济生活里不得不实在地完成无数修缮工作，在和占据主导的经济组织对抗时，他们有时也会违背自己的意愿。一如黑格尔所说的"理性"，经济组织自有狡计，*并且，它一时间

---

* "理性的狡计"（List der Vernuft）是黑格尔提出的重要的历史哲学概念，也有译为"理性的机巧"。在《小逻辑》一书中，黑格尔解释说，理性的狡计一般表现在利用工具的活动里；它一方面让客观事物按照它们自己的本性互相削弱和彼此影响（理性并不直接干预此过程），同时，它会因为自身超脱于过程之外又保存自身于过程之中而实现自己的目的；而理性的目的和理性所利用的客体原本追求的目的是大不相同的。有关论述可详见：《小逻辑》，贺麟译，上海人民出版社2009年8月第1版，第358页；《历史哲学》，王造时译，上海书店2006年3月第1版，第30页以下。

雇员们
Die Angestellten

强大得足以替种种本不认可其存在的行动灌注模棱两可之感。这倒不妨碍委员会和雇主们的谈判常以破裂告终。于是,在某些案例里,在中立的场合,修补在公众的目光和早晨的日光中继续。这些光线为面相"祛魅"。一如他们会面的劳动法院议事间,原告、被告和证人素面示人。没有妆容为姑娘的脸庞带去光彩,男人脸上的每个皮疹接受着特写的检视。他们如同被由里向外翻出的周日出游者。尽管像后者一样摆脱了工作,可是,他们既无漂亮衣服的装点,也不是随意而羞怯地游荡,他们被夺去华服,远离夜的光彩。在他们交谈、闲坐和等待的间隙,对征兵体检处的记忆复苏了,可怜的人们赤裸着身体在里面进行入伍合格登记。狠心的光搅动着记忆。恰如体检处揭露战争甚于暴露赤裸,这里所揭开的不是原本可怜的人的面目,而是导致不幸的时局。在时局的平淡外表下,琐屑纤毫毕现,而这一切绝非小节;它们联手标记出将它们抖落的经济生活。可不要错以为决定着人的主要是大事件。对人影响更深且更久的是构成日常生活的微小灾难,人的命运当然首先维系于这一连串的微型事件。在劳动法院,这些事件被摊在高高的长桌前,桌后是劳动法庭的首席法官端坐于两位分别代表雇主和受雇方的陪审法官之间。在与主审室隔开的小房间里经过一番简短商议之后,三位法官通常立刻做出裁决。全程口答程序令

"即决审判"（Schnellverfahren）成为可能。纸张耗费极微，只有首席法官阅读案卷。由于没有律师进行最后的法律打磨，答辩环节的即时性令首席法官比在普通法庭更加倚赖其直觉。必不可少的即席发言制造出一种紧张气氛，有时甚至感染了书记员。*

当事人倒出他们的鸡毛蒜皮，诉苦鸣冤。他们陈述事由，回答首席法官和陪审法官的提问，与对方质询。有时，一方举止表现仿佛另一方并不在场。提起诉讼的通常是被辞退者。比如涉及未事先通知的解雇。解雇也可能有理，下面这桩小事就表明了这一点。一位女士在某大商店买鞋，女原告即受雇于该店。她供职于袜品部。女士私下认识原告，想请后者再替鞋搭配几双袜子。这位卖袜子的售货员显然将商家利益置于私人关系之下，她告诉这位女士可以在别处以更优惠价格购得此鞋。这个女孩因为立场错乱而被赶走，诉请遭到拒绝。如此失言是

---

* 德国对劳动争议处理采取特别法院制，即由专门的"劳动法院"（Arbeitsgericht）受理。"劳动法庭"由三名法官组成，其中一名为职业法官，即文中的"首席法官"，职业法官依照法官法考任；"劳动法庭"的另外两名法官分别由来自雇员和雇主的代表担任，即文中的"陪审法官"，他们被称为"名誉法官"（ehrenamtlicher Richter），"名誉法官"不是法律意义上的官员，但行使法官职务，具有和职业法官相同的独立性。

一孤例,在大量案件里是权力本身失据。不明就里流落街头的人不在少数。有一位六十岁的严重伤残者被当场打发,因为,当着几位目击者的面,他对二十九岁的代理人说:"您别使唤我。"这个不耐烦的短句让企业认为老病人违犯了高于一切的企业规章。有家无线电商店有个奇特惯例,隔不多时就要对为数不多的雇员搜一次身。在一次这类检查中,一个笔记本从某年轻"实习生"的口袋里露了出来,这毫无疑问是他的私财。多疑的老板未先征求意见就自认有权检查笔记本,为的是查找耳机和天线。虽然他并没有找到期待的赃物,却发现了一些离经叛道的笔记。比如,这个细心的小伙子记录道,有一天他要认真地对公司进行劳动保护监督,而且还写下了雇员中央联合会的地址。这个秘密反叛者当即被老板解雇。劳动法庭则裁决,针对该雇员的材料之取得有违善良风俗,促请和解。

刁难、商业惯例、经济关系和社会状况,这些无法被审理载录,而是在其中自行呈现。以鉴定为例,它们多为不知所云的书面材料,然而其措辞关乎生死。一位职业顾问对我说,如果鉴定书缺少寄望进步之类的老套结语,被解雇的年轻人机会就更加渺茫。"X先生非常尽力地完成其工作以令人满意。"因为这句惯用语,被辞退的见习生X向所在工会的主管工作人员求助，后者请实习生的上司能好心确认 X 先生已经令人满意地完成了工作。如果投诉没有被工会截获，它们会被呈上劳动法庭，法庭通常会提示失业者的困境，迫使对令人存疑的文件进行修改。除开极端案例，这种情形完全正常；因为，能为长时间被排除在职业生活之外提供口实的过错并不多见，得以授权执行这种排除的主管更是少有。和对鉴定不满一样典型的是针对分类不公提起诉讼。在一个极具启发性的边界案件中，身为车间文员的原告本属于产业工人，他提出了只有店员才有权请求的追偿。他曾经负责过卡片索引类的工作。公司认为他妄自尊大，劳动法庭则解释，他的工作完全是商业性质的，与无数商人没有两样，在今天的合理化进程中，后者也不得不执行机械作业。一次又一次地，受害者被冲积到岸边，他们被解雇是受到了兼并和其他高层雷霆事件的牵连。很多公司的确处境艰难，但对于无份参与大游戏的人而言，这个事实不堪慰藉。

旅行推销员、委托经纪人、报纸广告代理人和促销小姐等：所有这些雇员有别于原告群体中的大多数，尽管他们在法律上被视为雇员，却不愿认同这一社会地位。过去，他们是军官，或者是具有适度独立性的中间阶层者。带着他们的个体感受和早已下落不明的精神世界，这些市民阶层的废墟硬生生地

雇员们
Die Angestellten

突入理性化的雇员世界。假如不以曾为人上人的想法维守自身,他们大概会分崩离析。跟其余雇员相比,他们的境遇多半更糟。在费用和佣金出现争议时,他们在劳动法庭现身,众所周知,"类雇员"群体的案件也由劳动法院主管。他们自行提告,作为私人利益受损的个体,他们首先试图为自己并给其他人制造这样的印象,即,在社会地位上,他们和东家是平等的。就好像,他们还一直待在已经被变卖的好居室。从这些房间里飘出来的一定有下面这个上了年纪的委托经纪人,他卖弄拉丁文名言,更告诉法庭他的儿子在中学念最高年级。对方拒绝向他支付佣金,因为委托还没有得到授权,不过,如他所说,他的前任要对此不幸承担全责。"首席法官先生,"他朗声说,"路易十五因前任之罪而死。现在我也得代前任受罚吗?""那是路易十六。"首席法官回应说。此外,偶尔也会有财产受损的大企业陷入被解雇的雇员的处境而主张他们的这类权利。一家大公司的商业代理人因与公司意见不合而被解雇。公司趁此机会向他追讨过去被他挪为私用的每一分钱。比如他曾经从厂里拉煤,让工人修补家什;现在,所有账单被摆在他面前。不过,这位前代理人也许只是代父受过,这位有点像路易十五的父亲就是公司过去的所有人,后来借着合并将公司转手。

修理车间

抱怨不断，一桩接着一桩。在提起诉讼之前，它们已经被筛查过了。筛查或者由法院人员在立案室进行，或者，通常由雇员组织完成。抱怨中的大多数越过了员工委员会，刚一到达工会，后者的控制权就启动了。一个事实是，员工委员会无处不在，所到之处，它们都积极介入，所作所为就像工会的工作人员，一位与我交好的劳动法院首席法官由此推断，企业的工团主义*者不会偏向受雇者。"雇员们，"他说，"或者是个人主义者，或者以工会形式组织起来。"企业的集体主义是否如他所相信的那样必定因此满盘落空，当然还有疑问。根据他的经验，工会的大量争议主要引据《员工委员会法》第八十四条，该条款规定的是针对构成重大危难之解雇的抗辩。这一条款在裁员时意义尤为重大，因为雇员组织常常以该条款坚决主张对已经做出的解雇进行复核。对解雇决定进行更正要受到社会考量的左右，对此稍后继续讨论。劳动法庭本身在社会空间中处于什么位置呢？我的线人几乎每两天主持一次庭审，他向我提供了有关当事人和法官表现的一些典型细节。他表示他已经注

---

* 工团主义（Syndikalism）是无产阶级工人运动中发展出来的主张无政府主义的斗争路线，该路线强调工会的绝对领导，抛弃了政党理论。文中借用了这一路线的内涵，所称"企业工团主义者"指的就是"员工委员会"，认为后者和企业操纵下的"黄色工会"一样无法真正代表受雇者的利益。

雇员们
Die Angestellten

意到，面对法庭提出的建议，受雇者普遍比雇主更容易接受。不过事情必然如此，因为受雇者已然练就顺从的脾性，此外他们清楚地知道，就算法官建议撤诉，也不会是有意刁难。多数时候，作为公司全权代表出庭的人同样是雇员：代理人或其他高层人员。他们令人信服地保卫企业主利益，如此未免产生悲喜剧的效果。那就是，数周过后，他们也许发现自己站在对面控告同一家企业，他们在时运较好时曾经维护过的企业。与首席法官共同组成法庭的陪审法官由各协会提出人选，不过他们做出的裁决绝非一味对自己的阶级同志有利。比如，代表雇主的陪审法官一般是大企业家、协会律师或者担任领导职务的雇员，他不愿意对那些恶意对待雇员的小生意人表示支持。情况在受雇方陪审法官这里颠倒过来，这一职务通常由工会的工作人员担任，他准备好了随时对某个愚蠢的组织兄弟或者非组织成员进行训斥。由于他来自高级雇员圈子，所以首席法官感觉是被两个雇主陪审法官包夹着。忽略这类局限，劳动法庭是今天为数不多的、试图为徒具形式的民主充实适当内涵的场所之一。由于仍然是未完成作品，和其他机构一样，劳动法庭只能够消除经济组织制造的小小不公。

职业介绍所（Arbeitsnachweise）让人想到有着无数车轨的

修理车间

调度场,失业者像车厢一样在上面被推来送去。* 这里恐怕是唯一一个令公司看起来像目的地和家的地方。由于众多轨道阻塞,车厢拥堵在一起。在我熟悉的一个雇员组织的职业介绍所,窗口前的长龙一定是每一个剧场出纳的梦,柏林米特区劳动局(Arbeitsamt Berlin-Mitte)简直是一个肿胀的大企业,或者,更准确地说,是一个大企业的负片,因为它努力使大企业未予理性化的对象变得理性化。在众多介绍所中,有一家专为商业雇员服务,在那里,我得以了解用以调度劳动力商品转运的方法。劳动力在这里接受个别治疗;也就是说,人们从普通等候室独个进入负责安顿他们的官员的房间。借助于那张如今遍布全德国的神奇索引卡片,官员操作起巨大信号房的摇柄。劳动力被一件接一件地移走,顺带要说,这样做并不是出于对他们个人特质的考虑,而是因为如此搬运更加平顺。执行之快速还有规则来确保,即每个新来的人必须备好求职信,以应不时之需。如果劳动力商品没有合适买主,带走它的或许就是不完全合适的买主;重点是,它们总算被运走了。

---

* 在《雇员们》写作期间,克拉考尔曾两次造访柏林米特区劳动局;在1930年6月17日的《法兰克福报》上,他还发表了文章《论职业介绍所——空间的构造》("Über Arbeitsnachweise. Konstruktion eines Raumes"),见《克拉考尔作品集》第五卷第三册,第249—257页。——2006年编注版,第353页。

雇员们
Die Angestellten

一个小商业雇员曾经跟我说起她在不同行业里身不由己的跋涉故事。她工作过的地方有贸易公司、军工厂、香水店和其他一些企业，现在，她向往婚姻的港湾，认为那是她的最后一站。这趟奥德赛之旅当然不是由职业介绍所安排，而是报纸广告决定的路线，对于漂流海上的人们，这些广告曾经耀眼得如同闪光信号。我问过她找工作时心情如何。"真是没剩什么了，"她回答道，"而且，如果没有创造，干什么都一样。"一个悲伤的回答，还有，对创造性的错误理解。

在职业介绍所厮混过一段时间的人会看到在公开的经济导览中几乎见不着的报废品。在那里，统计数据所报告的被裁撤者有血有肉地冒出头来，在那里，慢性失业者的妻子们安静下来，而在家里，她们指责自己的丈夫不愿意工作。这指责绝不可一概而论，备受折磨的妻子们也理应得到宽宥。被解雇的雇员没有拿失业救济金去寻欢作乐，不愿工作的是例外。进到任何职业介绍所的窗口服务间里接受一小时直观教学课是每个人的迫切愿望。"最好给我工作，那更好。"这是救济金领取人持续不断发自肺腑的叹息。受托介绍工作机会的官员们竭尽可能地超越被动的中介角色。于是，他们像气象学家追踪天气那样密切关注着就业市场的动向，不乏遗憾地探明在一个又一个行业地带形成的每一波大型低气压。

有消息说，当前至少年轻文员、会计和速记打字员受到友好气流照拂。然而，人们永远无法准确知悉身处何种天候。尽管职业介绍所理应避免通过代祷和游行对天气施加影响，它们仍然想方设法从一切无常的气候变化中谋得便宜。根据当下的需要，它们培训适用的员工，帮助他们转业它们维护与雇主的关系，还雇用自己的雇员充任外勤，向企业打听工作机会。上了年纪的人被不计代价地抛售，他们被当作问题少年对待，必须每日向介绍所报到。不管怎样，他们因此有事可做。当然，倘若找不到任何别的事情，他们会感到生活不够充实，无以为继，有的人就最终拧开了煤气阀。

普通标本

雇员们今天结群而居，他们的生存状态益发呈现出统一的印记，在柏林和别的大城市尤其如此。千篇一律的职业关系和集体合同决定了生活的样式，如其所示，生活的样式又受制于强大意识形态力量的一律化影响。以上强制过程不容分说地导致某些标准类型人群出现：女售货员、成衣厂职员、女速记打字员等，在杂志和电影里，她们被描绘，同时也被培育。她们已经进入公共意识，公共意识则根据她们制作它的新雇员阶层全景图。问题在于，这幅图是否击中了现实的要害。

这幅图与现实只有部分重合。实际上，它主要遗漏了在当前经济体制的必然和与此必然不相容的生命物之间的冲撞中形成的一切面貌、图形和现象。无产者及整个"下层"民众阶层的生活绝不可能毫无困难地顺应理性化经济的要求。更确切地

雇员们
Die Angestellten

说，和下层民众受约制的思维相比，原产自资产阶级的正规教养更好地满足了这些要求，前者的思维则被特定内容所占据并局限于切实的材料。由于这种思维和抽象的经济思维不匹配，企业主抱怨许多雇员懒散当然也有其理由。

然而，特例之中有一拍即合者，让人相信存在预定和谐。[*] 我认识一个烟草代理商，他是完美代表，似乎天生该做这一行。他是大家口中的时髦青年，自得其乐也与人方便，他谈锋甚健，对女人在行，会把握时机。不过，叫人吃惊的是，他这多面手全不像寻常推销员和代表那样只是空有其表的花架子，而是真材实料，稳扎稳打。天性自潇洒；众声喧哗里活泼有生气，这标志风度取用不尽。用他本人的话说，当他开着公司的豪华车拜访客户，会得到王公规格的接待。优雅的汽车在此是对他恰到好处的点缀，和女士们开车出游或有其他私用时，他也喜欢用这部车；在他看来，慷慨做派回过头来又间接于公司有利，而对公司他也从未隐瞒额外的行程。（可惜，其间因为烟草业加快集中化进程，汽车使用实行配给制，女士们已经受了亏待。）这个男人出身寒微，却在柏林的中心扎下了根。别

---

[*] 预定和谐（prästabilierte Harmonie）为莱布尼茨哲学的基本概念，用以表述由上帝为万物设定的内在秩序。

人若是得了他的才华收入装备，会将成为上流阶级的绅士视作毕生使命。他却相反，对高级娱乐场所和只要有心将其迷人亲和力利用一二便能到手的机会，毫不动心，他忠于自己的雇员工会，也已经介绍了很多非组织成员加入。在协商会或地方小组会议之后，他常和男女同事们移师马夫酒馆和半无产阶级酒吧，他在这里跟在汽车里一样自在。店主和钢琴师与他相熟，对这里的客人他也了解。气氛很快热烈起来，对待这个生来机敏、出言不逊又富感染力的混合体，无论姑娘还是男人都没办法真心招架。当他用过得去的嗓子唱起《茶花女》和《罗恩格林》，他的人气达到顶点。日常生活随之沉落不见，在场所有人远远跳出同事圈子，沉迷在更美好生活的享受里。

经济体制不常出现这样的缺口，允许一个来自下层、有些头面的人完全做回自己。有的人则终其一生缺乏安全感，就好像我认识的那位彻头彻尾的小资产阶级女秘书，为了努力装出见多识广，她总在说话时插入英文"well"。在那些应付裕如的成功人士的语言军械库里，她提取了这个"well"，可尽管有此作杖，她却止步不前，哪怕她已经干过了十个职位。生活变故迭出，着实没有出路，因为它的实质要屈就现代企业的需要。内在空虚的人更容易做到。这位姑娘好歹还能跟上步伐，别的人却必须脱胎换骨才能勉强保住一席之地。我曾经和几个

雇员们
Die Angestellten

老雇员消磨了一晚,他们白天在中层商业职务上卖力。有一位是决算会计师,第二出纳;他为人持重,平日在办公室生活和狭窄的家庭圈以外不会引人注意。那天晚上我们去了埃尔塞瑟街一带的一个寡妇舞会:铜管乐,临时工,要价不高的寡妇和妓女——地地道道的"齐勒式环境"(Zille-Milljöh)。*啤酒一入口,这些人就在我眼前变了模样。他们不再是垂头丧气的办公室雇员,而是充满真正原始活力的人,他们冲出禁地,无所顾忌地尽情娱乐。他们讲直白的故事,抖搂逸闻趣事,在厅里四下走动,对着酒杯深处沉思,然后再次喧闹起来。领舞人来到桌旁,这是个外表有点呆傻的民间喜剧艺人,我们请他喝了杯啤酒,他主动说起了自己的遭遇。他做音乐小丑曾有过风光时刻,后来就明显逐渐在走下坡路。不过,这回见面最稀奇的是:决算会计看起来好像是领舞人的老伙计,他像个根本从未见识过办公室的毫无市民气的人。为什么他没有升到更高的职位?也许,流浪天性里的无所用心阻碍了他的升迁,而现在又太迟了。在这些上了年纪的雇员里有着大量霍夫曼式的幻觉人

---

* 海因里希·齐勒(Heinrich Zille, 1858—1929),德国插画家、摄影师,《我的环境》(*Mein Milljöh*,"Milljöh"为柏林方言,意为"环境")是他著名的漫画集。齐勒的漫画作品多以柏林工人区的生活为背景,由于这些创作生动刻画了无产者的生活,"齐勒式环境"被用以指称典型的无产者生活环境。

物。* 他们被卡在某处不得动弹，从那以后就没有间断地执行着绝无怪异之处的平庸工作。然而，这些人似乎被恐惧的光晕所笼罩。腐烂的权力散发出这光晕，它们一直没有在现行秩序中找到出口。

在无产者和市民者之间的宽泛阶层中长大的年轻人多少更容易适应企业。很多人无知无觉地顺流而下，投身其间，<u>丝毫不会想到自己根本不属于这里</u>。

我想起一个被女友们叫作"蟋蟀"的女孩。** "蟋蟀"是家住康泉的一户贫民的孩子，在一家工厂的档案室工作。市民生活的魔力才刚刚向她显现轮廓，她对上面滴洒的恩泽不假思考地照单全收。她的特点便是，无论在舞厅或是城外的咖啡馆，要是碰上热门歌曲不立刻跟着唧唧地哼，她不可能听完一首曲子。不过，并非她熟知每一首热门歌曲，而是热门歌曲认得她，追上她，温柔地将她击倒。她被留在彻底的眩晕中。在她那些新来的年轻女同事里，有些人抵抗力更强。尽管她们并

---

* E.T.A. 霍夫曼（E.T.A. Hoffmann，1776—1822），德国浪漫主义时期的代表作家，他笔下的人物多梦幻荒诞。

** "蟋蟀"(Heimchen)一词来自英国作家狄更斯"圣诞故事"系列中《炉边蟋蟀》(*Cricket on the Hearth*)的德文译名"Heimchen am Herd"，狄更斯在小说中将"蟋蟀"喻为"家神"，也是男主人公对他的"小主妇"的昵称。

雇员们
Die Angestellten

不能真正抵挡她们的确无法驾驭的诱惑,不过,暂时,她们看上去被一层看不见的面纱包裹着,在其中,她们安然前行。人们在百货商店、律师事务所和一切可能的公司碰到她们:知足的造物,她们和父母住在一起,家在北部或者东部,对于现实里的去向尚且无从预料。对付她们是容易的。总之,在学徒和出师新手里,这样的女孩还有更多,都给我留下心满意足的印象。她们在工作中的经历都是让人唏嘘的琐事。有人跟我说,如果外面有手摇风琴表演,她不可能加入观看。她的同伴很开心,因为最近受了公司的差使,她得以乘坐出租车出行,还有一位时不时会得到月亮公园和马戏团的免费门票。她们自然明白,拿着微薄的薪水,若没有亲人,就应该有个男朋友。不过,眼下她们有亲人,男友多数是周日一同出游宿营的未婚夫。因为没钱,他们几乎从不去任何场所,交往也都相当得体。您一定听说过这样的故事,莫阿比特(Moabit)*的女售货员特鲁德和涂脂抹粉的女同事们不相来往——顺带要说,买东西的工人大众也为她们痛心;她和女友们一同对轻浮的姑娘们评头品足,后者夜晚由男士陪伴着在凯宾斯基享受大餐。不谙世事的小姑娘们认为,这些女孩往后如果跟同类人结婚,处

---

* 柏林一区。

境会更加糟糕；而她们自己也喜欢做美梦，希望有一天能有幸被称呼一声"夫人"。她们的理想很世俗：一个有意组建家庭的未婚夫，而且他挣的钱足以让她不用再工作；她们不想要的只有孩子。

继承而来的道德概念、宗教观念、迷信和陋室传承的智慧——这一切合力驱赶，这一切不合时宜地投向现有的生活实践。不要忘记这些暗流。有它们存在的地方，个人与周遭世界的惨烈搏斗便继之而来。比如，今天习以为常的性解放运动恰恰在底层雇员的圈子为年轻人制造了相当多的麻烦。他们想要表达自身的感受；他们抵制试图决定他们生存状态的体制，却仍然被体制压服。假如一个人像我认识的那个二十一岁商业雇员那样沉闷狭隘，就会发生可怕的畸变。这个年轻人差不多在贫民环境里长大，属于某个雇员组织，在其中表现狂热。因为渴望精神交流而且显然在协会的年轻人群里找不到同道，他和外省一个同为协会会员的女孩开始通信。这些私人通信现在由他按照一些方法进行保管，这些方法对大型企业的档案部门来说或许值得一试。信件依时间顺序被装订在文件夹中，这尚且可以理解。但除此以外，每张一字未着的明信片都印有收发邮戳，寄出的信文也以速记稿形式存档。如果不是要在信里为感情穿上束身衣，这种让商业规则渗入其被禁足领域的疯狂之

雇员们
Die Angestellten

举只是一个特例。让我们把收信人叫作"凯特"。他们二人彼此不以名字称呼,而是称呼"青年同事"。"亲爱的青年同事",十九岁的女孩写道。如此以头衔相称让陷于歧途的社团集体主义庆祝了一场可怜的小狂欢。一旦集体主义的语言雕琢能力消失,商业德语即刻接手封堵嘴巴。凯特写道:"随信还要献上我们父母的晚间节目。"而在一封信的末尾她将此事搁置:"期待你的下封来信。"不过,对周遭忙碌生活的反抗如此强烈,尽管束缚重重,他们仍然跃跃欲试。话题一再围绕两性关系展开。"我们现在究竟要如何看待性行为?"凯特问。"年轻人在婚前是否应该发生这种关系?我给出肯定回答的前提是,相关人是成熟的,并且灵性上是一致的。也就是说,不单是身体的相互吸引,还有灵性的相互理解!当然,如今在绝大多数案例里缺的就是后者……我们要怎样补救?依我之见,此时女人责任重大,因为男人大多不携带灵性,只有在和好女人的交往中才能发展而来。"顺便要说,来自天主教家庭的凯特愿意成为这样的女人。"今天言已至此,"有一段写道,"我且将性行为的缺陷——更准确地说是性别的缺陷——归因于人的全部天性,并且,重要的是,为了这些人的善,我可以暂且忽略他们的缺陷,又及,我可以对抗自我中心,为的是以我的善消除或减轻他人的恶,接下来,与来自这一共同体的联合力量一道为了伟大的人民共同体实现创造……"信件归档员还和另一位年轻女同事保持着柏拉图式远程交往,这一位不像凯特那样明智、清醒和充满理想,她只能杂乱无章地报告自己的感受。她笔调忧郁,天真得让人感动,她抱怨性格轻率遗患无穷,这样的为人往往助长了性关系的发生。她的一个女友和一个男人交往,似乎已经怀孕。她评论说:"如果男生们明白自己在做什么,他们就是有意陷女生于不幸,事情肯定多半是在喝醉的情况下发生,这样事后可以抵赖。我承认,女生的确也经常如此,她们要是保持头脑清醒是可以预防这类事发生的,而情况不是这样,她们把自己交给感官欲望,因为她们想着,现在他再也没办法甩掉我了,他必须和我结婚,俗话说的,我现在有人养了。"浮在表面的当然不那么有害,而且,一旦情况不妙,俗话说的,可以一刮了之。

来自底层微弱无力的反抗对雇员大众的普通日常生活无法施加任何力量。尽管有上层领域的构成分子涌来,这生活几乎毫发无伤,更不要说改变。在很多办公室里,出身于典型市民家庭的女儿们啪嗒啪嗒打着字,对她们来说,这只是随便做一份挣零花钱的工作而已。她们可以投身其中,也可以全身而退。无论怎样,她们听其自然。在这个由高级市民阶层补给的主力军中,有一种雇员类型引人注意,人们经常碰到他们,尤

雇员们
Die Angestellten

其是在柏林,这一类型最可能的称呼是"波西米亚雇员"。女孩们进到大城市是为了探险,她们如彗星一般在雇员世界里拖曳而过。她们的轨迹无法测算,哪怕最出色的天文学家也无法查明她们的终点在街道还是在婚床。这一类型的完美典范是来自西德的一位工厂主的可爱女儿,她常常驻守在罗曼咖啡馆。[*]她喜欢咖啡馆胜过待在家中,有那么一天,她戴着尖角贝雷帽溜出了家;她喜欢咖啡馆也胜过待在大公司,在公司,她为每月的150马克在加法机上工作。如果要生活下去,不从家里拿任何补贴地真正活下去,应该做什么呢?她肯定希望升职,而且会升职,可是,对她而言,办公室的工作其实只是让她获得可供尽情享受之自由的必要条件。下班后,她在她那带家具的房间里匆忙喝一杯浓咖啡,让自己重新焕发神采,随后就走,投身于生活,去找大学生和艺术家,和他们闲聊,抽烟,划船。或许还会发生更多事。过不了多久,人们就见不到她了。办公室里的女同事们一切照旧。

---

[*] 罗曼咖啡馆(Das Romanische Café),1916年于柏林选帝侯大街开业,1925年搬至布达佩斯大街(die Budapester Straße),在魏玛时期,这里是著名的艺术家和知识分子聚点。——2006年编注版,第354页。

有格调，无拘束

"积极的人事政策，"在某大型银行机构负责人事事务的经理向我解释，"是经济大困境的结果。正如在农业方面亟须用集约式耕种取代过去的粗放式耕种。"农业纲领的实施是否成效显著还有待讨论。为了适应受到鼓励的集约化需求，大多数大型企业也努力将其受雇群体塑造成依附于企业并自觉与企业保持一致的共同体。"我们期待一种大型有机体的勃勃生机……"某超级企业的公司报创刊号文章这样写道，"只有当本月刊被理解为因一个共同事业而联合起来的一群人的表达，这个愿望才可能实现。"而一家极具影响力的专门店的内部报纸在头版向其员工致以如下新年问候："祝各位拥有美好的一九二九年，在新的一年里，为了共同体工作取得成功，恳请各位在目标明确的工作共同体中竭尽全力！"此外，为了提高共同体的工作效率，该报在同一期同时为其新年祝福补充了道德说教。"时间就是金钱！"报纸大叫，"每天早上开工尤其如此——要准时！记住：一日之计在于晨！"

许多雇主对共同体的理解极其主观。"我的孩子"，某著名百货商店的监事如此称呼她的属下。家庭生活或许鼓舞了孩子们的热情，除此之外却无法令人持续受到感染，因为这一生活的执行依靠监控，而后者对家庭生活的温情只表现出极低度的信任。从百货商店与百货大楼协会（Verband der Waren- und Kaufhäuser）的机关刚刚提出的准则可以看出，这些监控中的一些行为延伸到了何种程度。准则中的以下内容得到特别推荐："员工出口在一个特定的门，在此，大宗采购于规定采购日发货；在对通常包裹保持怀疑并进行具有震慑力的预防性检查的同时，注意手袋和体围的非自然变化！勿令门卫单独执行人身检查；他可能是不忠雇员的同谋。针对规定时间外离开公司者执行更严格的监督！……"[*]以上建议汇集了在各处屡见其效的处方，它至少证明，共同体的德行并未在所有地方受到信赖，所幸这些建议因过分生硬在雇主圈中也已经招致反感。

---

[*] 引自雇员工会联盟的《工会启蒙报》（Gewerkschaftliche Aufklärungsblätter），1929 年 4 月第 2 期。——正文注

致使这些建议被否定的，尤其是那些刻意孤立企业属员的预防措施。不过，对于不同类型的员工，人们的确试图令他们彼此隔绝，之所以这样做，是因为对共同体精神的生产力的关注与对弱化雇工组织影响的关注交错在了一起。关于工人和雇员的划分尚待详细讨论。在雇员这一方，个别薪酬制被用来对抗劳资协定办法，在企业主看来，后者是令他们不适的集体意志对自由经济之自然法则的侵犯。因此，如果人人一定要各做打算，共同体就是假象。

大企业主越是坚持这一假象，就会越发清楚地认识到，在进行集体主义整顿期间，最错误的莫过于对容易激动的集体力量放任不管，或是将它交给对手。将这股力量吸引到本方来的努力从严格意义上的福利制度那里得到的支持是微不足道的。在所有企业中存在着公积金和养老金、度假补贴、结婚资助和疗养院等制度——这些基金数额慷慨而且管理也相当宽松，被认为是对收入的补贴。尽管这些制度将个人置于从属地位，却没有能力激发集体精神。集体精神要由其他手段唤醒，由各种活动唤醒，这些活动力求将人的情绪占为己有并让全体人导向一个确定的方向。如同电动风琴里响起了久已失传的古老曲调，从现代经济的地基上长出了家长制的生活形式。合理化改革没有证明工作关系是真正的人际关系的果实，而是结出了一种新家长制，这种家长制想要后一步建立人际关系。

人道责任感超出了必要，这可能并不少见。一些公司真关心其员工福祉并向员工展现迎合的姿态，尽管也许还有家长做派，人们却应当将这种姿态和那些意在令大众心灵臣服的举措彻底区别开来。大众的心灵今天主要在运动中得到舒展，于是，运动方面的联合是征服他们最重要的工具之一。柏林的大学教授W·希茨（W. His）似乎持相似观点，因为他在一次演讲中做过解释，而该演讲在某大银行体育协会的报纸上重新登载并非没有道理："人们根本不能充分评估本能在生活中的含义。它们是驱动机器的蒸汽。压制它们等于扼杀生命。然而，正如我们所知道的，它们可以被引致善，同样可以被引致恶。善即一个社会懂得调校欲望以保证自身的存在与进步。锻炼身体和运动属于善的方向，因此值得全力支持。"演讲自然而然题为《由体育达致人格》（"Durch Sport zur Persönlichkeit"）。假如演讲中反复断言的内容属实，这个世界必定挤满了吵闹的人格。这样的世界或许已经在来的路上了，因为，面对各种运动所需的巨额开销，很多大企业没有退缩。它们创办体育社团，有多少运动项目就划分多少部门。足球、田径、拳击、手球、赛艇、体操、曲棍球、游泳、网球、自行车、柔道，样样不落。供运动青年使用的有室内运动馆和企业自家的运动场。由于这些设施通常位于偏远郊外,一家有实力的企业体育协会从知名人士处获赠一辆巴士,接送会员往返。巴士可以免费用于周日与妻儿出游,目的地常常是船坞。这样,运动和家庭就结合在了一起。还有一家公司为全体员工聘请了专门的运动教练。社团通常拥有自主权,但并不因此免受企业监督,后者监管财务并以人事部门的负责人或特派人员作为代表进驻运动队。由于有高额补贴,会员们只需为锻炼设施支付低额会费,而如此豪华的设施在别处他们无法获准使用。有训练,就有比赛。著名的有柏林工业接力赛。"31名跑者从市政厅出发,"某报纸的报道就他们本年的公开活动写道,"飞快地跑过国王街和椴树下大街。德雷斯顿银行在此取得领先,在莫阿比特他们被交通公司队赶超。某些接力队的游泳选手实力太弱,位次于是再度变换。皮克-克洛彭堡队带头出水,但随即受到西门子、欧司朗和全国信贷公司的紧逼,最终,欧司朗脱颖而出,一举夺魁。"用企业名称冠名参赛队伍并非最蹩脚的广告,而是会同时提升归属感,这种归属感在管弦乐队与合唱团里也间接得到强化。为进一步加深关系,企业斥资举办联谊晚会、规模盛大的夏日节和全员轮船派对。酒神节的喜悦令结盟更加紧密。

雇员们
Die Angestellten

  这种家长制活动会被培育成德国技术就业培训学会*意义上的工作共同体（Werksgemeinschaft）吗？众所周知，当初由西德重工业界创办的德国技术就业培训学会设法运用一切可能的方法和手段让受雇方背离阶级斗争，令他们满足于当前的经济体制并与企业结成最紧密的联系。黄色的公司协会无疑是很多雇主对雇员们最直白的期望。**相反，下面这位某大公司思想进步的人事主管对这种经济维稳倾向疏而远之，他向我表示，他坚决反对工作共同体（"跟工人对着干不可能成事，"他在谈话中表示，"没有他们，几乎什么都做不了。"）"就把你们的成员送进去"，他在体育联合会成立时对工会的人这样说，后者担心他们的人被黄化。完全合乎逻辑的是，和别的经理一样，他拒绝出任荣誉主席，并且一开始就说明，他不需要

---

  * 德国技术就业培训学会（Deutsches Institut für technische Arbeitsschulung，简称"Dinta"）成立于 1925 年 10 月 6 日，其目标在于对有能力的工人、性格驯服的车间主任以及工程师进行培训，缓和雇主和受雇者之间的利益冲突，消解工会的意义。该学会包括许多具有军事色彩的学校和协会，1933 年 7 月，它作为独立机构加入了紧跟德意志国家社会主义工人党（NSDAP）的德国劳工阵线（Deutsche Arbeitsfront）。——2006 年编注版，第 354—355 页。

  ** "公司工会"或"黄色工会"指设立于企业内部、受到雇主控制或影响的工会组织，这里的"黄色"是为与当时工人运动的"红色"相区别。黄色工会强调与资本进行合作。

任何"好态度"。当他要求运动场无政治并提醒全体队员时刻牢记他们属于公司的时候,他就为好态度的出现清除了障碍。在一份企业福利制度宣传册中也可以读到,运动队要努力为公司增色。这就是说,即使所追求的并非真正的工作共同体,集体的动力源泉至少也应该为公司的福祉沸腾。极端之间有着过渡。例如,有员工委员会负责人告诉我,在他的公司,反对派当选体育协会理事或者会受到阻挠,或者会被弄得自觉地位尴尬。至于企业主有意识地扶植体育活动的动机,除了对身体训练有素的雇员的"无利害的愉悦感"*,间或伴有某些不难理解的实际考量。有人尤其乐见运动令同志情谊复苏。也有人盘算着,用于员工健康的投入也许会被重新收回来。"我们也愿意,"他坦率地接着说,"人们进行适度的交往,跟同事总归最好。"这是个很成问题的说法。若我的理解不错,近亲繁殖的冲动要归责于某些属于不当交往的工会。

无论是否关涉工作共同体:体育联合会终归会被视为企

---

* "无利害的愉悦感"(interesseloses Wohlgefallen),是德国哲学家康德就"美的判断"(鉴赏判断)进行论述时提出的重要判断依据,他认为,只有对事物的实存不抱倾向性(无利害)的人方能在鉴赏判断(美的判断)中担任评判员。详细论述可参见《判断力批判》(*Kritik der Urteilskraft*),邓晓芒译,人民出版社 2009 年 9 月第一版,第 249 页以下。

雇员们
Die Angestellten

业的重要一环。年轻的人们，不管他们有没有加入工会组织，都承受着柔性的道德压力——动员他们加入体育联合会的压力。运动天赋有时甚至对雇用起到关键作用，当一位议员向我保证一名出众的"左前锋"在冲击空缺职位时拥有优势，他恐怕绝无夸张之意。至少，在不存在太大区别的低级职位中是如此。相应地，按照一位老员工委员的经验判断，因体育入编的人在企业里会得到更善意的区别对待。一个举足轻重的运动高手通常可以毫不费力地获得参赛假期，若有裁员计划，对拥有运动特长的同事则会视而不见。对于那些拒绝诱惑和出于任何原因没有应征的人，情况如何呢？一位有头脑的年轻技术员对我说，如果他做好了准备和同事一道游泳、划船或者跑步，就会让上司对他青眼有加。为了摆脱不受重视所带来的并非始终无害的后果，很多人宁愿放弃他们的独立性。我知道一个部门主管，他之所以专心于企业运动事业，只是因为他不想引起上司的猜疑，认为他拒绝认可这一类共同体的表达。上层对这些表达形式的重视证明它们有助于企业权力的延伸。亦即，体育协会就好比前沿阵地，应该为企业征服雇员心灵这块尚未被占领的区域。事实上，它们在那里往往执行着全面的殖民任务。诚然，这块土壤自战前时期以来就一直丰沃，好态度也频频自行疯长。为了自己的发展，大概有相当多人将自己伪装，此所谓"血橙"：外黄内红。他们在运动队里围着上司献殷勤；伴随着高层保护人在节庆场合显身，仁慈太阳的光辉在雇员们头上升起，他们的心神为之振奋。"舞会绝不是庄严拘谨、郑重其事的一派正经无聊景象，"某公司报纸的史官为企业辖下划艇俱乐部的活动欢呼，"而是一场家庭盛会……在划艇俱乐部里……斑驳混杂，机构的许多主脑先生携夫人出席……我们尤其荣幸地邀请到监事会主席、枢密顾问X先生，他友好地向跳舞的人们点头致意，看起来感觉相当惬意。毫无保留，毫无距离：一场让新人快乐和骄傲的纯粹的人的相聚。有格调，无拘束，这是今晚的口号。"将平易近人混淆为纯粹的人的相聚，或者，为隔阂消除而心生殷勤的喜悦——难以确定何者更加可怜。在这样的场合，应该不是每个人都善于感觉惬意。

在雇员组织圈里盛行的信念是，企业体育协会并非首要服务于身体锻炼的目的，而是意图转移对工会的兴趣。多位员工委员会委员向我讲述了他们的经验。有一位表示，年轻人尤其容易轻信廉价又迷人的魔力，另一位认为，因为运动乐趣而被上层赐福的员工在不知不觉中就脱离了雇员委员会。与新家长制产物的论争目前正以激烈的宣传战形式进行着。《他们要灵魂！》(*Sie suchen die Seele!*)，弗里茨·弗里克（Fritz Fricke）的一本著作书名如此（全德公会联盟出版社），他在文中特别阐

雇员们
Die Angestellten

述道:"当危机越来越严重,雇主首先试图通过减薪、延长工作时间和解雇工人来确保其资本安全,人们是否有可能由此意识到共同体的意愿?"而他得出的简明结论是:"只要经济运行不得不遵循私有经济的观点,企业主和工人之间的利益一体化就全无可能。"与此理论上的回绝相对应的是实务中的态度。就连一些官员也并不真正相信公司活动的诱惑力,忧心人士警告人们提防公私合营企业的体育活动,而雇员协会针锋相对设立的体育协会则尝试将本能的蒸汽导入自己的机器。思想彼此猛烈地碰撞,事物在空间里紧紧毗邻。*一场运动领地里争夺大众心灵的幽灵战争。愈心往,愈不退让。

---

* 此句典出席勒的"三部曲"剧作《华伦斯坦》(Wallenstein)的第三部《华伦斯坦之死》(Wallensteins Tod)第二幕第二场。席勒原句为:"思想很容易地挨在一起,彼此并存,可是在空间里事物狠狠地互相碰撞。"(Leicht beieinander wohnen die Gedanken, Doch hart im Raume stoßen sich die Sachen。)克拉考尔对前后两句的意思进行了调换,用词也略有调整。(此处引用译文来自《华伦斯坦》,张玉书译,《席勒文集》,第三卷,人民文学出版社,2015年,第625页。)

邻里之间

"一个统一的受雇阶层正在形成当中。从战前时期以来，按照阶级观点对民众进行分群已经取得了重大进展。"这是埃米尔·莱德勒和雅克布·马尔沙克（Jakob Marschak）[*]在他们出色的论文《新中间阶层》（"Der neue Mittelstand"）[**]中所断言的，该文在1926年首次将注意力投向雇员们有所变化的处境，莱德勒本人不久前不得不对此再次做出具体说明。"尽

---

[*] 雅克布·马尔沙克（1898—1977），乌克兰裔经济学家，在海德堡大学求学期间曾受教于莱德勒。

[**] 收录于格尔哈德·阿尔布莱希特（Gerhard Albrecht）主编，《社会经济学概论》（*Grundriß der Sozialökonomik*），第九章"资本主义的社会体系"（Das soziale System des Kapitalismus），第一部分。蒂宾根：J·C·B·默尔（保罗·希贝克）出版社，1926年，第120—141页。——正文注

雇员们
Die Angestellten

管资本主义的夹心阶层（Zwischenschichten）今天已经和无产阶级命运与共，"他在论文《无产阶级的结构重组》*中写道，"他们大多数人仍然没有放弃他们的资产阶级意识形态。"理夏德·沃尔特（Richard Woldt）与他判断一致，在一篇有关战后德国工会的论文中，他这样描述地位下降的中间阶层的特征："在同现实发展的张力关系中，仍然存在着一种由职业地位决定的意识形态。"**

其实，当前民众中的大部分人将他们完全不再具备资产阶级特点的资产阶级生活方式建筑于月薪、所谓"脑力劳动"和其他一些同样无关紧要的标志之上；这完全应和了马克思所表述的经验，即上层建筑只能缓慢地适应由生产力所推动的下层基础的发展。这些阶层在经济过程中的地位已然改变，他们的中间阶层式生活观念却维持不变。他们任凭错误的意识滋长。他们想要保卫差异，承认差异又使他们的境遇变得晦暗；他们沉溺于一种个人主义，可是，唯有当他们还能够作为单个人刻划自己的命运时，这种个人主义才会得到认可。即使当他们作为受雇者加入工会或同工会一道为更好的生存条件斗争，他们

---

* 载于《新评论》（*Neuen Rundschau*），1929 年 8 月号。——正文注
** 收录于选集《德国国民经济的结构转变》。——正文注

现实的生存状态往往受制于他们曾经拥有的更好生活。下落不明的资产阶级属性在他们心头阴魂不散。这种属性也许具有要求合法存续的能力。然而，由于没有和现有的局面形成一种辩证关系，他们存活至今只是惯性使然，同时就这样亲手销蚀了自身存在的合法性。

前文引用的《新中间阶层》已经注意到，公务员和私人雇员之间的界线越来越难以界定；也就是说，雇员在向公职关系靠拢，而公务员在向契约关系靠拢。国会议员奥夫豪泽尔（Aufhäuser）在由 A. 法尔肯伯格（A. Falkenberg）主编的新季刊《公务员》(*Der Beamte*) 上的一篇文章中表达了相同的意思："公务员和雇员之间的区别今天只能通过任用的不同劳动法格式予以确定。"另一位议员在和我的交谈中措辞更加激烈。"公务员和雇员一样，也是受雇者，"他认为，"因为他们所出卖的正是他们的劳动力。"这是一个绝无粉饰的概括，它表明了，对于过去不在其势力范围内的阵地，经济思维的征服已经深入到何种程度。共同的窘迫会不会导致形成共同阵线呢？说到底，公务员中的大多数人对旧的威权国家念念不忘是可以理解的，他们过去在其中正是当局者。人不只依靠糊口的面包生活，他们在与下属机构的雇员打交道时勉力维持着自己的威信，这威信不再无可争议地供他们所有。与帝国和国家一级行

雇员们
Die Angestellten

政机构相比，在基层或社会机构中，真正行使主权职能的自然保护区更少。在各地，雇员们大量涌入，他们一时间也无法晋升到要求具备专门知识的岗位（除非是就业部门官员），于是，这样的人员补给轻易就将公务员权力的神秘性完全剥除了。对公务员而言，雇员是公众的一员，就在不久以前，他还必须在窗口前恭谨守候，而前者则威严地端坐于窗口后。一旦闯入者与他们本人执行着相同的工作，任何光环都会自行消失。要求他们捍卫自己领地的，不单是虚荣心，也有对竞争的恐惧。顺便要说，光环暂时受损不那么严重；这还得感谢社会民主党，正如该党一位重要干部向我担保的，面对公务员，社会民主党害怕过于大胆。他以此解释自由工会组织下公务员的某种淡漠态度，行政机构的裁员原本对他们尤其具有威慑力。别管我，这是他们的口号，我得照顾家人。如他所料，工会组织者的政治活动最近刚刚重新启动。

资产阶级德国所独有的各种癖好，无论借由哪一等级的人群得以突显，即便仅存于想象，都会阻碍雇员们自身的团结。这些癖好相互依赖又想要彼此分离。如果它们被一个统一的信念围抱，人们或许乐见形形色色的变种。然而，它们阻挠联合的意识，不愿扎根于此。最底层的雇员群体表现得就如同被多个世界分开了。柏林某报最近报导了一则故事，要点是，某百货商店的女调度员心有天高,自认为比她那些只在仓库和发货处之间来回奔忙的同事们地位优越。同样,百货商店里的女文员通常也被认为地位比女售货员更高,其实,从她们被冠以"公主"尊号便大致可知她们享受的尊重。一旦意识到上述巨大的含义差别,丝毫不晓内情的外行都会感觉到,一个峰谷密布的新宇宙在他的显微镜下展开了。在实业界,技术雇员和商业雇员之间也裂开了一条深度可观的峡谷。某个深受其害的人说,后者傲慢地折磨前者,而且喜欢让他们像普通客户一样等待;回过头来,前者则心怀成见,认为只有他们的工作才可以被视为有创造性的。银行职员是雇员造物之冠,这至少在银行职员中是广为流传的信条。这一信条自行业初创时期传承至今,显然有赖于职业活动与金钱紧密相连,更通过奢华的文艺复兴风格的银行宫殿获得了一种外部证明。这样一来,主教座堂提升了他们赖以长成的虔信度。正如某大银行员工委员会负责人向我说明,大规模的裁员只会摇撼地主阶层与生俱来的等级感受,却绝不会使之消亡。他的观察神奇地被德国银行职员协会一位成员披露的消息证实。这位工作人员评论说,可惜今天的银行雇员视野比过去更窄,不过他随即欣慰地补充说,尽管如此,比之于相似的雇员类型,他们仍然普遍更具教养。他们的主权声明应该可以支撑他们受损的自我意识。

雇员们
Die Angestellten

与工人和雇员之间的对立相比,以上所有矛盾全部缩减为细微差别。这一对关系被感受为阶级矛盾,然而在关键议题上并非如此,长远地看,也将不复如此。对此紧抓不放的,不单是其实心知肚明的雇员们,也包括显然没有察觉到差别已经消失的工人们。至少,一个消息灵通的工会工作人员是这样判断的,对于无产阶级里普遍的看法,即雇员们在资产阶级中仍然扮演着和过去一样的角色,他认为这一观点源自那些工人圈以外的人,他们向工人隐瞒了资产阶级世界已然坍塌的事实。工人对雇员生活之可贵有多么信服,可以从以下事实清楚得知,1925年企业统计在册的雇员人数少于同时期职业普查中的雇员人数,在职业普查中,很多工人自我任命为雇员。他们做不到的必将由他们的孩子来完成,他们梦想着孩子们快速升职。总之,某自由工会雇员组织的职业顾问常常收到客户中工人父母们的告诫,他们希望有一天自己的孩子从事的工作比他们的更好、更轻松而且"更干净"。孩子们自己通常同样渴望看上去光鲜,过着轻松愉快的生活。因此,联合在雇员中央联合会中的大多数人也是无产阶级出身。如果什么时候雇员圈子对他们关上了大门,为了丰富经历,他们会在裁员做出后重新退回生养者的阶层。可以理解的是,雇员们会努力不去伤及工人们对他们超凡本质的信赖。所以,尽管车间文书和代理人的差别肯定甚过其与合格工人的差别，他肯定还是会把自己算作代理人的同事。今年的一期雇员工会联盟杂志中有一篇题为《问卷怎么说》（"Was Fragebogen erzählen"）的报导："于是常常一再听到年轻和年长雇员们抱怨企业里的工人挣得比雇员更多……"这当然不合情理，只能说，幸运的是，很多人恐怕会效仿下面的银行职员来宽慰受伤的自我感觉，这位职员跟我表示，在他看来，无产阶级的属性不单单取决于收入。与这一解释相应的，无数雇员反感和工人同志过从甚密；例外者多为企业的技术雇员，因为工作的关系，他们在企业中有充分机会去学会尊重工人。比如我知道，不久前，一家知名公司的雇员曾经拒绝让同楼上班的手工业工人参加一场由他们举办的庆祝活动；反之则从未发生过类似的排斥。直到因为家长主管干涉，才成功制服了上等仆从的自大。那些被安插到雇员这一行的女孩们则不同寻常，她们经常觉得自己对工人太好了。她们的父母或许对她们有着更高的期待。一个年轻的女售货员跟我说起她和一个能干的五金工人的友谊，迫于她父亲的压力，工人已经改行了。这位父亲不过是个法警，竟至于无法忍受家里有个工人。现在，被拣选的人只得知足于往银行跑外勤的低级岗位，不过也因此晋升为未婚夫了。

雇员们
Die Angestellten

分化那些其结盟可能带来威胁的人,这历来是当权者的准则。很多企业主照此行事,多少有意识地分隔那些就其自由意愿往往无意共处的人们。我从一家极反动的实业工厂得知,工厂的领导层极尽能事地阻挠雇员和工人直接交往。这方面的典型例子是,该厂的一位代理销售经理前段时间找他的一个下属谈话,因为此人曾在院子里和工人有过交谈。在另一家大实业公司里,某些雇员和工人群体之间借"休假巡酒"的惯例结成了同事关系;顾名思义,"休假巡酒"就是幸运的休假者每在度假前要做东邀请同事和同志们喝一轮啤酒。一位代行职权的部门主管偶然得知了这个阴谋,当即解雇了犯错的车间文书。类似的低级别暴君在公司行话里也被叫作"鹪鹩"*。解雇无法被撤销,但是,根据员工委员会的抗议,被解雇者至少得到了一笔赔偿金。和想要向他们邀宠的一群人比起来,更高层的负责人往往更加慷慨。一位工程硕士告诉我,在一次工人罢工期间,他公司的一个经理在一个醒目的地方和两个纠察队员进行交谈。这个事件在某种程度上具有了历史含意,因为从那时起,雇员们也屈尊同过去完全被他们无视的工人们打招呼

---

* 鹪鹩(Zaunkönig),鸟名。将这个德文词拆为"Zaun"和"König",按字面意思可以理解为"筑篱之王"。

了。"分而治之"的做法多少有其明确的意识形态。J. 温舒（J. Winschuh）*几乎成为这一原则的捍卫者，比如，在其 1921 年出版的著作《工厂政治实务》(Praktische Werkspolitik) 中，**他这样解释，"雇员阶层内部的……社团事务恰好适合团结公务员群体并向他们……传授他们所急需的，以令他们逐渐成为产业劳工政策中的可用因素：等级意识、凝聚力、对下拉影响的自我隔绝能力……"如此失言或要归结于战后时期的印象，在前文提及的《他们要灵魂！》一文中挑衅性地引用这段话的弗里克本人也承认，温舒在此期间已就其观点在诸多方面进行了有利于工会的修正。无论同意弗里克与否，阿尔弗雷德·施特里梅尔博士（Dr. Alfred Striemer）同样对于在不同类型受雇者之间实行分化政策持否定态度。施特里梅尔现为《博尔西希报》(Borsig-Zeitung)***的责任编辑，他刚刚在自己的报纸上发问："为什么有工人和雇员？"对意识形态无感的观察者可能会

---

* 约瑟夫·温舒（Josef Winschuh, 1897—1970），德国记者，企业家，政治家（1929 年转变为社会民主党成员）。

** 该书实际于 1923 年出版，克拉考尔此处笔误可能承自他在前一章引用过的弗里茨·弗里克《他们要灵魂！》一文。——2006 年编注版，第 358 页。

*** 《博尔西希报》是奥古斯特·博尔西希（August Borsig）所创办的著名企业的报纸。

雇员们
Die Angestellten

惊讶于在如此外部环境之下他所提供的解答。他对"区分工人和雇员首先是符合资本主义利益的,因为这一区分根本简化了对受雇阶层的统治"这一观点的有效性提出质疑。他用下面这段话驳斥雇员的分离渴望:"今天这一形式的雇员阶层的形成,仅仅通过薪酬支取方式和解雇形式得以推动,这绝不能说是正确的,因为它将数百万人划分到了错误的社会等级,因为雇员这一大群体并非领导者……"狼和羊会共居一室吗?天国已经降临尘世了吗?施特里梅尔径直召唤天国只为将它远远推开。他背叛现有的各工会,揭穿真相式地为工会打上了和平破坏者的火印,而他所使用的语气和要求安定时的语气是相同的。"由于工会力求对企业的或经济的机体逐一发挥作用,"他在同期报纸的另一篇文章中写道,"它们就像'异物',多少触碰到了机体其他部分的生存利益!面对个别组织和经济体制,个别……群体的职业自我中心态度必须让位于一种团结一致、顾全所有类型工人及雇员之整体的立场……"也许,提到这样一个事实并不多余:施特里梅尔当初曾因反工会行为而被自由工会开除。人们不禁要问:在他动听的要求背后是什么?难道这个要求不会让他太过轻率忽略了现实吗?无论如何,对于从属者的分裂,他认为应该为之负责的是工会的群起并立,而不是其他经济及社会势力,这听起来就令人生疑。可以肯定,通过为团结高唱赞歌的方式和方法，他的实际目的是削弱工会的影响力，而他的方式和方法与那些极力加深受雇者之间对立的简单操作并无两样；只不过，比起基于现行关系的赤裸裸的算计，他的唯心主义巧思更难被识破。

尽管雇员组织异口同声地代表受雇者的物质利益，它们却尝试以不同方式解决雇员的真实生活条件与意识形态之间的紧张关系。对于在个别雇员身上往往并不明确且杂陈并置的表现，雇员组织将之分门别类，进而上升为各种倾向。中间阶层态度的极端代言人是德国店员联合会及与之相关的组织。该联合会的意识形态立场与总体经济状况、其自身在劳资谈判领域的运作一直存在冲突，对此它不太在意；因为，这个夹心阶层是一个人数足够多的群体，当他们的直觉得到满足，他们就迅速忘记了分歧。协会一位工作人员直截了当地向我说明，协会赞许"新中间阶层"这个词，并且一直热心于阶层意识的培养。"你们将来也能让在机器旁工作的人养成这种意识吗？"我问他。"这些人根本不在我们考虑之列。"事实上，协会将自身理解为同业公会一类的机构，在团结菁英这一目标的引导下，后者对各种类型的雇员进行选择。照那位工作人员的看法，其余人可以说是边角废料。资产阶级世界观体现得几乎不能更尖锐、更直白了。收集边角废料的清道夫主要是自由工会组织；

雇员们
Die Angestellten

这里没有谈到雇员工会联盟,因为该联盟想在意识形态的左右之间寻求平衡,可以说扮演着中间阶层的中间阶层。与整体立场保持一致,自由雇员工会致力于消除流传而来的等级感,这种感觉阻碍了大多数感受者了解他们眼下的处境,并轻而易举地破坏他们和工人阶层的组织性联合。因此,以雇员中央联合会为例,它尤其在年轻人群中着力让其成员和无产阶级形成更紧密的关系。自由雇员总联盟组织下各协会的许多成员本就来自无产者圈子,因此他们大多生来便知自己的社会地位如何。至于并非出身于无产阶级的其他人,对于他们完成精神重组的可能性,经验丰富的工作人员持相当谨慎的判断。事实将表明,他们并不对这一失败负全责。

无家可归者的避难所*

对于普通工人,如此多的小雇员都有意轻看,然而,和后者相比,工人往往不仅在物质上、也于存在层面更具优势。作为有阶级觉悟的无产者,他们的生活有庸俗马克思主义概念遮风蔽雨,这些概念至少说出了他被寄予何种期望。诚然,这片屋顶如今已是千疮百孔。

雇员大众和工人无产者的区别在于,他们在精神上无家可归。他们暂时不可能找到同志,他们曾经栖居的资产阶级概念和感受之家已然坍塌,因为经济的发展已经抽走了它的根基。他们当前的生活没有一种教义可供仰望,没有一个目标可供征

---

* 克拉考尔在此借用了卢卡奇(Georg Lukács)在其著作《小说理论》(*Die Theorie des Romans*)中提出的"先验的无家可归"(transzendentale Obdachlosigkeit)的意象来喻指现代的个体。——2006年编注版,第358页。

雇员们
Die Angestellten

询。于是,他们生活在仰望和四方打探终点的恐惧之中。

这种生活只在严格限定的意义上可以被称为生活,除了作为"那更高的"(das Höhere)向它进行显现的方式和方法,它没有别的特征。在它看来,"那更高的"并非薪酬,而是荣光。在它看来,"那更高的"不经由专注而产生,乃见于分心(Zerstreuung)*。"为什么大家花这么多时间去消费场所?"我认识的一个雇员认为,"之所以如此,也许是因为家中愁苦,他们想分沾荣光吧。"此外要说,"住家"(Zuhause)这个词除了被理解为"住所"(Wohnung),也有"日常生活"(Alltag)之意,它是雇员杂志的广告勾画的对象。这些广告大多涉及:笔尖,炭笔,痔疮,脱发,床,橡胶鞋底,洁白牙齿,回春术,向熟人兜售咖啡,留声机,书写痉挛,社交恐惧,按周分期付款的优质钢琴等等。一个喜欢去放松的女速记打字员向我表达的和那位雇员差不多:"女孩们大多来自低微的环境,会被荣光吸引。"对于女孩们普遍回避严肃交谈这件事,她给出的理由极为怪异。"严肃的交谈,"她说,"只会让人分心,不能专注于希望享受的外部世界。"如果一场严肃的谈话被赋予

---

* 克拉考尔在他1926年发表的《分心崇拜——论柏林的电影院》("Kult der Zerstreuung. Über die Berliner Lichtspielhäuser")一文中提出这一概念。该文后被收入《大众装饰》文集。

了分心的效果,那么"分心"就有了不容分说的严肃性。

事实可能并非如此。根据一项在其著作《雇员生活水平》(*Die Lebenshaltung der Angestellten*)*中被详加讨论的有关雇员生活成本的调查结果,自由雇员联盟的经济政策专家奥托·苏尔(Otto Suhr)得出结论,尽管雇员在饮食方面的花费少于普通工人,但在所谓"文化需求"上的支出高于后者。按照苏尔的论述,雇员为文化需求所支出的数额大于他在住房(包括供暖和照明)以及穿着、换洗方面支出的总和。被计入"文化需求"的除健康、出行、人情往来和捐赠以外,还有烟草制品、外出用餐、文化及社交活动。或者是有意识地,或者更多出于无意识,社会关心的是,这种对文化需求的需索不会引出对真正文化根源的反思进而导致对时局的批评,而社会之所以强大,正是由于如此时局。社会并不阻止在荣光和分心中生活的渴望,只要地点和方式允许,它支持这种渴望。人们还会发现,就算到了最紧要的关口,社会也绝不会自行推进它的生活体系,相反,它逃避抉择,在生活的刺激和生活的现实之间,它选择前者。社会也有赖于注意力的分散。既然它定明了基调,对它

---

* 自由人民出版社,柏林,1928年。——正文注

雇员们
Die Angestellten

来说，要让雇员们相信分心的生活正是更高的生活就益发容易了。它将自己设定为"那更高的"，当大部分从属者将之视若榜样，他们就已经接近了社会希望他们前往之处。塞壬的歌声具有何等诱惑力，且看下面这段文字，这段话出自前文反复引用过的某百货商店宣传册，属于经典的意识形态样品："值得讨论的还有百货商店的布局和内部陈设所产生的影响。雇员中的很多人来自单一简朴的环境。他们的住所也许由狭小昏暗的房间组成，在私人生活里，和他们来往的人可能受教育程度很低。而在百货商店，雇员多停留在愉快轻松、灯火通明的空间。和文雅而有教养的顾客打交道随时会带来新鲜的刺激。那些平素笨拙而害羞的女实习生会更快地习惯于良好的举止和社交礼仪，修饰她们的谈吐和她们的外表。她们职业的多姿多彩拓宽了她们的知识面，加深了她们的修养。这令她们更容易晋升到更高阶层。"且将顾客的教养和加深修养这些被认为心安理得的内容放在一旁，余下的还有轻松愉快、灯火通明的空间和更高的阶层。灯潮释放乐善好施的影响，不仅刺激购买欲，也作用于员工，这影响力充其量在于，员工为之深深着迷而忘却狭小昏暗的住所。灯光让人盲，甚于带来光明，又或者，近来在我们的大城市上空喷涌的丰沛灯火也意在加深黑暗。可是，更高的阶层没有招手示意吗？我们已经知道了，他们从远处冷冷招手了。尽管他们施舍的荣光本应将雇员大众绑缚于社会，他们却只能将后者推到这一高度，以使自己在被指定的位置上坐守得更安全。前段时间在《雕鸮》（*Uhu*）上发表的一篇《十五本账簿漫谈》（"Streifzug durch 15 Ausgabebücher"）在这方面颇能说明问题。以下是几个标题："穆勒家如何买得起帆船？""舒尔茨家在避暑胜地如何可能食宿只花10马克？""瓦格纳家到底怎么解决如此服装开销？"。是的，他们就是可以。舒尔茨先生解释说，他老婆精通理财，瓦格纳太太报告，她的丈夫自己熨裤子。"这样才能保全颜面"，她充满哲学意味地补充说。但愿裤子不要太招摇。在刊发前一章所讨论的施特里梅尔博士文章的同期《博尔西希报》上，一个会计就工人和雇员之间为何存在鸿沟这一问题回答说："主要原因是，每个人都想比实际看起来更煞有介事。"尽管很多这些精打细算的娱乐无疑是货真价实的，但刊于《雕鸮》的《漫谈》一文更深层的寓意其实明显，他们对所谓的中间阶级婉言相告，就算收入微薄，也能保全身属资产阶级社会的颜面，并且，他们因此而完全有理由以身为中间阶层而感到满足。如果受访者中杂有代理人和高级行政官员，也不过是为了提升被描上虎纹的经理女秘书和小公务员的中间阶层尊严罢了。

雇员们
Die Angestellten

雇员和高层榜样相遇了,其发生之理所当然让人称奇。社交生活里无心的呵气已经足以唤醒沉睡的力量。如此神经敏感被一位实业界雇员的观察所证实。在他公司里的任何一个部门,尽管只有少数几个雇员必须和顾客打交道,这些前沿哨兵的优雅举止却会立刻点染其他员工。不易察觉的信号偏又步步为思慕提供了方向。于是,在某著名百货商店的橱窗里,穿着廉价成衣的模特人偶在雅致的兰花丛中傲步,于是,月亮公园里的赛车道让底层工薪收入者体验到驾驶自备车的乐趣。小效果,大因由。

温柔的信号对大众尚不足够。在他们汇集的地方,比如柏林,为无家可归者准备的避难所被建造起来。从字面含义理解,"避难所"是那种巨大的场所,正如一个闲谈者曾在柏林一家晚报上表达的,在其中"可以花费公道的价钱感受到大世界的气息"。主要针对外省来客的祖国大厦(Haus Vaterland)*,同样欢迎较高层次工薪收入者的首都俱乐部

---

* 祖国大厦位于波茨坦广场西南部,始建于1911年至1912年间,最早名为"波茨坦大厦"。在1927年之前的大约十年间,该大楼为著名的"环球电影公司"(UFA)的总部,当时大厦内就拥有一个1196座的电影院。1927年,大厦发生所有权转让,随后被出租给凯宾斯基家族,后者对大厦进行改建并于1928年将之更名为"祖国大厦"并重新开张。祖国大厦在"二战"结束前是柏林乃至德国最重要的娱乐中心。

(Residenz-Kasino)*，弗雷德里希大街上的"摩卡-艾弗提"(Moka-Efti-Unternehmen)，**一种可靠的本能赋予它们和它们的同类以生命，以解世界之都的居民对荣光和分心的饥渴。"摆脱工作，投身娱乐"是它们隐而未发的箴言。另需提到，并非所有类型的雇员都齐身沉溺于无孔不入的娱乐魔力。一位老练的国会议员很清楚技术人员和比如成衣厂职员各有不同。按照他在谈话中表达的观点，前者普遍更加孤僻，有一点老派，几乎不会给人时髦的印象；相反，成衣业界（当然还有奢侈品店）的购销人员有着可以理解的习好，他们享受不断养成的优雅气质，而且，为了和顾客保持联络，他们喜欢在夜生活里消磨。"在成衣厂职员和夜总会演员之间，"议员解释说，"有着一种紧密关系。"的确，两者的共同之处在于，他们直接进到公众中展开工作；技术人员则背朝公众制作不合群的物事。如此说来，祖国大厦的第100万个访客正是一位来自纽约的百货商店采购员就完全正常了。他因为工作出色获得了一个银质奖杯。

---

* 首都俱乐部于1908年建成并开业，位于亚历山大广场附近的布卢门街（Blumenstraße），这里被视为柏林舞场的代表，巨大的舞池可以容纳一千人共舞。

** "摩卡-艾弗提"于1929年4月开业，是柏林的一家大型娱乐场所，这里提供餐饮服务，从1931年开始也承办舞蹈和音乐演出活动。——2006年编注版，第360页。

雇员们
Die Angestellten

这些"快活营"直到不久前才显露其吸引力绝非偶然。它们接替了通货膨胀年间数不清的小酒馆,在经济稳定之后,即刻受到追捧。就在企业被合理化改革的当口,那些场所也将雇员大军的娱乐变得合理化。当我问到为什么这些场所只把大众当作一群人来喂食,一个雇员回以苦涩:"因为大家的生活已经被敲骨吸髓,没有能力另做打算了。"无论实情是否如此,在以上所指的场所中,大众是自家的客人;重要的是,这个回答不仅考虑了企业主的商业收益,也说出了大众未曾坦承的无能。人们相互取暖,人们共同自我安慰,因为他们不可能逃脱芸芸众生的命运。宏大气派的环境使得成为其中的一员更加容易。祖国大厦尤其奢华,这里最大程度地再现了电影宫殿和底层夹心阶层的工作场所几乎都坚持到底的样式。类似酒店大堂的强大空间构成它的核心,就算"阿德龙"*的宾客踏着地毯徐徐而行,应该也全无屈尊感。这里的环境夸张地采用新客观派**的风格,因为只有最摩登的才能让我们的大众称心。没有别处能比这里更令人信服地暴露新客观派的秘密。在大堂建筑物假

---

* 阿德龙酒店(Hotel Adlon)为当时柏林最豪华的酒店之一。

** 新客观派(Neue Sachlichkeit)为德国二十世纪二十年代的艺术及文学流派,该流派反对表现主义,力图客观地反映现实生活。

模假式的素朴风格背后,格林沁*咧嘴笑出声来。只要往里迈一步,就会置身最浓稠的多情善感。然而,这就是新客观派的特点,它徒有其表,无所隐藏,它不强作深刻,而是伪装深刻。如同对老人的抛弃,它也源自直面死亡的恐惧。品评新酿的房间呈上夜晚的维也纳秀色可餐的远景。在星空的映衬下,斯蒂芬教堂的钟塔隐约矗立,厢内明亮的电车在多瑙河桥上滑过。在和新客观派毗邻的其他房间里,莱茵河在流淌,金角湾热情燃烧,美丽的西班牙远远向南伸展。对于祖国大厦宣传册上无与伦比的吹嘘,一字一词的增减都不能为,愈是如此,对风景名胜的描述愈显多余。比如,关于狮牌啤酒馆:"巴伐利亚风光:艾伯湖畔楚格峰——阿尔卑斯的朝霞——巴伐利亚小伙子进场舞蹈。击鞋舞……"或者是狂野的西部酒吧:"大湖边的草原风光——亚利桑那——牧场——舞蹈——牛仔歌舞——黑人和牛仔爵士乐队——弹性极佳的舞池。"祖国囊括全球。十九世纪的全景图在以上所有场所再度受到如此尊崇与工作场所的单调有关。工作日越是被单调主宰,假日夜晚就越有必要远远离开它;前提便是应该将注意力从生产过程这一背

---

* 格林沁(Grinzing)为维也纳著名酒村,因此地与浪漫主义音乐的渊源,"伤感浪漫"成为其标签之一。

雇员们
Die Angestellten

景转移开去。然而,对办公机器的精准反击应该是有着斑驳色彩的世界。这里的世界却不是本来的世界,而是显现在热门物事中的世界。这个世界的每一个角落都像用清除日常生活粉尘的真空清洁器——打扫过。无家可归者避难所的地理学源于热门物事。尽管只具有含糊的地方知识,全景图大多还是得以准确制作;拘泥于细节之所以并不多余,是因为,在旅行时代,收费标准统一的度假导致有可能就地限制许多景点。在建筑的拱腹上,与其说是真实的远方,不如说是梦寐以求的童话王国,在其中,幻觉变成活的图形。在这些代表了世界的墙壁之间的停留,可以被定义为雇员的集体天堂之行。"摩卡-艾弗提"的布置紧贴住这一理解,其在空间上的超常规处理几乎不输于祖国大厦。一架移动扶梯将一群又一群人直接从街道送往由圆柱和后宫栅栏代表的东方,电梯的其中一个功能恐怕就是象征着轻而易举地升入更高阶层。顺带要说,梦幻宫殿之所以又像理想图景,是因为它的建构并非坚固,它所立足的地基,不是坚实的资本而是英国短期承兑信贷。无人在此安坐,只有游历。"切勿探身!"车厢的窗边写道,透过车窗看到的是明媚刺眼的明信片风景。它们实际是墙体填充物,国际卧铺列车的仿真过道只是一条将两个穆斯林大堂连接起来的狭长通道。在百货商店宣传册上被寄予厚望的灯潮无所不在地加入合奏。在首都俱乐部，它们被色彩缤纷地送入房间，用落日所无力铺陈的壮丽色彩掩饰那里的海德堡城堡。它们是这些场所不容置疑的标志，以致人们不由地以为，这些场所在白天根本不存在。它们夜复一夜地重生。然而，灯光的真正力量是它的在场。它令大众脱离他们惯常的肉身，为他们披上令之摇身一变的装束。经由其神秘力量的点拨，荣光成养分，分心为陶醉。当侍者关掉灯，八小时的日光随即再度照耀。

与未被组织起来的雇员大众相关的一切事件，这一群体自身的一切活动，此二者在今天所具有的含糊属性不相上下。这些事件和活动中内含的附带意义常常令它们远离原初的使命。在现行社会的压力之下，这些活动成为无家可归者隐喻式的避难所。在原初的目的之外，它们的另一个目的是将雇员们吸引到上层社会所希望的地方，转移他们对批判性问题的关注，对此顺带要说，他们对这些问题也的确几乎没有强烈的感受。关于当前的电影制作，正如我在《法兰克福报》上发表的两篇文章中所指出的，* 由工业交付的差不多所有产品都为现行秩序

---

* 这两篇文章分别是《小小店员姑娘看电影》("Die kleinen Ladenmädchen gehen ins Kino")和《今日电影及其观众》("Der heutige Film und sein Publikum")。参见《大众装饰》(*Das Ornament der Masse*, 1963)，第 279—294 页、295—310 页。——德编注

辩护，方法是掩盖其弊端和根基；它们也用上流社会看似高贵的人造光芒令众人眩晕。催眠师便是这样借助于发光物为他们的实验对象催眠。画报和大多数杂志具有相同效果。如果对它们进行更准确的分析，恐怕会发现，在其中翻来覆去的图像母题如同魔咒，它们着力要将某些内容永远投入没有图像的被遗忘的深渊。我们社会存在的构造没有接受那些内容，而那些内容则将这一存在囊括。图像的逃逸是对革命和死亡的逃逸。

如果说图像的魔力是自外部向大众发起攻击，那么，已然领导周末潮流的运动——彻头彻尾的身体文化——才是那些活动存在的主要形式。毫无疑问，系统的身体锻炼完成了这样一个任务，即，为应对现代经济不断增多的要求而建立生活所必需的平衡。然而问题在于，今天的体育活动是否仅仅关乎确有必要的锻炼。运动今天之所以最终并未在集体价值层级中被委以重任，是否是因为它向大众提供了广受欢迎并且被开发到极致的分心方式。"分心"一词，取其最关键涵义，"荣光"也是如此。因为，作为运动高手，无数在雇员大军中向来籍籍无名之辈有可能收获声望。涌向运动场地的是大众自己。如果不是好些大企业认为有必要拥有自己的公司体育协会，作为整体的社会几乎无须为了自保去激发运动热情。一位有眼力的工厂主在与我交谈时抱怨，运动占据了年轻人的全部兴趣。"当我提醒他们工作的时候,他们说,人只能活一次。"他补充说。然而,只有当生命回避认识,只有当它情愿对自身所处的语境不求甚解,只有一次好活的自然生命才可能如此贪婪。生命喧腾不止,同时消散殆尽;生命若只一次,生趣无多。前文引述的莱德勒文《无产阶级的结构重组》对这一问题的判断完全失准。"运动的开展……确保,解开情意结或令其完全不发生,并且开创了一个大众的预备组织形式,个体积极加入其中,领受他的职责,在他所从事的工作中,所有人因一个自由且共同的愿望团结在一起……是否可以假定,了解自己世界的人总能更好地把握他们的世界?同时,难道我们会认为,这些人在塑造生活的实践领域会长久地忍受为他们设定的命运而不做任何改造的尝试吗?"当然可以进行类似的假定,但总体而言,反之可能更有道理。运动的开展没有解开情意结,反而还是大规模抑制的表现;它不支持对社会关系的改造,作为整体,它反而是去政治化的主要手段。这倒并不妨碍在过分抬高运动价值的同时也宣告了革命大众对一项自然权利的渴望,设立这一权利能够抵制文明的破坏。水上运动在柏林如此受欢迎并不仅仅因为这里湖泊众多。数以千计的年轻雇员梦想划桨,在前述刊于《雕鸮》的《漫谈》一文中提及的穆勒一家为了他们的帆船放弃了一切其他娱乐。"船就是我们的全部,夏日旅行也是……"赤裸的身体演变成自现行社会环境中解放出来的象征，涤荡企业污秽的神秘力量被归于水的名下。是经济体制的液压令我们的泳池人满为患。可是，在现实中，水仍然只能洁净身体。

夜晚时分的月亮公园有时会举行孟加拉喷泉表演。不断重新组合的红、黄、绿色光束消失于黑暗之中。当美景不再，由一些小管道组成的可怜的软质结构物无意中交代了它的真相。喷泉就好比许多雇员的生活。逃出寒酸，遁入分心，任由孟加拉灯光来照亮，浑然忘记出身，将自己溶入夜的空洞。

被俯看

"令人遗憾的是,在今天的企业主依然欠缺的……品质中,"经理人卡尔·朗格(Karl Lange)在不久前所作的报告《经济民主作为有组织的经济自由?》("Wirtschaftsdemokratie als organisierte Wirtschaftsfreiheit?")*中这样表示,"就有'自我意识'——我所指的并非个体的人格尊严,而是企业主阶层本身的自我意识。"朗格将他所要求的意识定义为"以世界观为基础的自我意识"。"没有一个这样的世界观基础,"他认为,"就没有哪个群体能在今天的公开交战中保守自我。"如果要接受朗格的说法,那么或许要作一补充,即,世界观基础的缺失

---

* 载于《机械制造》(*Maschinenbau*)杂志,第12期,1929年6月20日。——正文注

不仅影响企业主阶层的立场，也影响雇员阶层的立场。因为，从属者的生活渴望为它所承受的压迫寻找一个充分的理由，而统治阶层越是缺乏正确的观念，从属者的生活必定越容易错位。上方缄默引发下方迷惘。

关于自由的私有经济，争论并不少。站在企业主一方，人们质疑当前阶段的私有经济仍在无政府状态下挥耗经济活力；有人运用正反例证明，私有经济有能力提高经济生产力，而任何其他体系都无能为力；有人描述私有经济唯一可以做到的是持续提升劳工阶级的地位。本文并不讨论以上确乎最具决定意义的争论，这里的疑问其实在于，私有经济是否提供被朗格解释为必需的世界观基础。自由的私有经济必不可少的前提是自主的企业主；也就是说，中心议题是对其自治权的维护。"毫无疑问，"朗格说，"资本主义经济惊人的经济成就和它风暴般的发展速度要归功于自由竞争，归功于无数自主企业主的竞争，而企业主的经济存在状态取决于其企业的成败。"企业主受到哪些动机的引导呢？按照通行的学理观点，在其动机中，行为的结果优先于整体利益。他必须首先调动帮助他在竞争战中致胜的品质，据说，竞争战会自行带动大众物质水平的提高（并且虽未明言但确信还会因此带动精神水平的提高）。追逐利润包含着积极信号，这并不奇怪。正如长久以来已被接受的观点所说，在私我目的达成的同时，公共目的也得以实现。此外，企业主的决定性品质还有主动性和自己责任；或许还有对自身形象和对经济权力的兴趣。

因此，当前这一被视为最佳的制度，其存在建基于领导阶层特定的天性品质，而不是这一阶层为满足大众诉求所表达的意愿。故而，正如由弗里茨·纳夫塔利（Fritz Naphtali）主编的《经济民主》（*Wirtschaftsdemokratie*）一书所说明的，对计划经济最常见的一条反对意见就是：它废黜了企业主并以此方式极力将只有通过自由竞争才能实现的成果组织起来。有人极力证明，今天的众多联合，只要不是垄断卡特尔（Monopolkartelle），都仅限于对经济自由进行规制，因此它们非但不表现为计划经济的近似物，相反，或许应该被理解为未被打断的资本主义的一个发展阶段。要为经济生产力可以预料的阻滞负责的主要是与计划经济紧密相连的官僚主义。事实上，这已经是现有的康采恩（Konzern）的处境，它们不得不与官僚主义危险进行斗争，而某大公司员工委员会负责人直截了当地对我说，因为机构臃肿，其公司的科层体系练就了一群绝无仅有的麻木人。尚且无法克服的是，如此畸变在任何情况下都是必然。组织性措施在当前环境下引起了官僚体系的瘫痪，设若这一措施服从于其他法则，未必会当然地扼杀热情。

雇员们
Die Angestellten

支持现行经济体系的全部论点所根据的是对一种预定和谐的信念。按照这些论点的说法,自由竞争会自动生成一种秩序,这一秩序不可能接受理智的召唤,而就确保民间繁荣而言,与以此繁荣为目标的意愿相比,企业主的逐利、主动性和自己责任自动对之进行保障的效果更优。人们可以极力从经验推导出当今体系的经济优越性,也可以尝试详细地证明,企业主对利润的追求与竞争联手确保了最优的社会产出。但是,假如在企业主的天然属性和一个现实有效的秩序之间存在着预定和谐,那么,以上论点尚不足以为这种和谐提供它所期待的世界观基础。然而,越是必须主张并利用那种和谐来对抗社会主义信念,那样一个基础就越发必要。此处豁开的缺口非但没有被堵住,反而断然拒绝被填上。"事情已然如此,正如杰出的国民经济学家*曾经说过的,"阿道夫·韦伯(Aldolf Weber)在其著作《资本主义的终结?》(*Ende des Kapitalismus*?)**中评论道,"在国民经济生活中,行为远比行为者的想法影响更深远,为了应对经济的必然,经济理性在某种程度上利用了人类的欲望和本能,甚而是人类的弱点。"不过,恰恰是在这种情形下,

---

* 伯姆-巴维尔克(Böhm-Bawerk)。——正文注
** 马克斯·胡贝尔出版社(Max Hueber),慕尼黑。——正文注

到一种统御人脑的理性中去寻求安慰是绝对行不通的,这种理性之狡黠显然远胜于黑格尔所说的理性。本能和直觉所攫获的肯定是后一步方能被意识通达的对象;然而,这并不意味着,对经济体系的建构应当从一开始就拒绝经由意识完成合法化,也不意味着先行召唤任何一种人类的弱点就能梦游也似地完成建构。放弃对一种如此令人惊叹的协调进行解释不是世界观意义上的阐释,而是一种抑制的症状。如果原本就打算展示人类欲望与人类福祉背道而驰的悲剧,而且深不见底的悲观情绪又抗拒填合这道深渊,那么,这种放弃完全可以理解。但是,现在事关预定和谐,同是这一理论,清教主义的"预定论"过去已经为其现世的笃信奠定了阴郁而宏大的基础。自由放任主义尚且只能应付对企业主的人格进行世界观润饰;现如今,就连对由来已久的个人主义的信奉也消失殆尽了。"对于计划经济社会化的思想代言人来说,"至少朗格在前面提到的演讲里说,"的确无法否认,现在事情明摆着,再也无法想象完全退回到纯粹原子的、个人主义的自由主义了。"

毋庸置疑,那种信念已经被社会主义的持续影响力动摇了,后者已经借此在敌对阵营内取得了胜利。无论如何,企业主们是如此为社会主义设定的目标所折服,以至于他们卖力地将其嫁接为自己的目标。从来无意效力于公共福祉却又推动了

雇员们
Die Angestellten

公众福祉,为所有企业主装备这一能力的观点也附带宣告了,还要进一步将无知无觉、随心所欲的企业主推举为真正社会意识的担当者。这些观点似乎不乏良善信念,却不是合乎资本主义逻辑的产物。因为追逐利润或者亲近经济权力都隶属于秩序的堡垒,而社会意识是一种漂浮于空洞之中的世界观式的添加物,它从来是意在和解的。基于资本主义的前提不可能对社会意识有所要求,后者其实是对受雇者的一种妥协。在和资本主义原始欲望的争夺战中,社会意识往往退下阵来,这就证明了它的非强制性。对资本主义原始欲望而言,比培植博爱精神更合心意的是将企业自身设定为目的的流行理论。事实上,对企业自身的神化是唯一可能让企业主的自决权脱离主观的权力诉求领域并为之建立客观条件基础的途径。经由企业自主决定理论的阐释,企业主表面上从属于某个更高的主体;他成为了他的工作的仆从,正如普鲁士国王之于国家。在《现行股份法诸问题》("Probleme des lebenden Aktienrechts")一文中,奥斯卡·内特尔(Oskar Netter)对拉特瑙(Rathenau)的意见表示赞同,他捍卫了这样一个主张,"企业自身"(Unternehmen an sich)原则上已经被承认为有效的权限;这一论断正因为缺乏共识而不乏启发性。可是,企业自身是什么?它真的是吸纳了企业主个人意志的更高主体吗?如果是,则企业不必被吹嘘为企业自身，它也一定领有一项彰显其意义的使命。工作或好或坏，也许容有社会意识，也许排斥它。工作自身是一个没有内容的概念，它的空洞恰好证明，它只是企业主自治在客观领域的反映，而这种自治并不听命于某个更高主体。即使用企业取代企业主，其立足点也缺乏对于企业和企业所追求的社会建构之间的和谐的信仰。在"工作共同体"中，按理应该表现的是"工作"与"共同体"的协调。然而，如其所示，在其中并非"工作"效力于"共同体"的理念，而是"共同体"服务于无法界定之"工作"的权力聚增。工作共同体原本就不包括对正当的人际关系的接纳，来自德国店员联合会的汉斯·贝赫利（Hans Bechly）在其演讲《新德国的领导问题》（"Die Führerfrage im neuen Deutschland"）中的强调正中要害，尽管他的批评只能以有机的人民共同体这个本身可疑的概念来支撑。"工作共同体，"贝赫利解释道："应该成为民众和国家中一切有机生长体的新基础。然而企业同时已经变成了一切实利主义思想的渊薮，以至于，即便企业主阶层还具备教化民众的素养和领导国民的德行力量，这种类型的工作共同体也无法培养出发自内心真正承认平权的国民。人们的确已经设立了各种善行机构。但是，终极的目标是对人的管理，而非对人的领导。"

企业主常常为工人和雇员对其良好愿望的误解感到遗憾。

他们不应该对大众的猜疑太过惊讶。猜疑绝不单单源于政治的或工会的影响，而有其更深刻的原因，那就是，从属者感觉到，对人的领导实际并非统治阶层的最终目标。也就是说，由于将人类应有秩序的降临托付给自由竞争的自动过程，企业主的观点丧失了号召力。所以说，人类的应有秩序无法刻意追求，它的出现至多是一种附带效应；人类的应有秩序甚至可能根本不会出现，因为，它之所以必须被谈论，只是为了能够有所回应。对今天的经济组织的根本控诉其实是：它的运转并不是因为在其中工作的大众，它最多是在管理他们。在最近一期《博尔西希报》上，一位医辅人员以他的方式表达了下层阶级对领导者的期待："更高方面应该让我们看到公正，为我们提供一个善良、光明的榜样，一个我们可以依靠的道德支撑。"上方漆黑，头顶无光。

实难就此归责，无论如何，企业主本身只承担部分责任。在战后的时间里，他们不单必须在已然改变的社会和经济关系中寻谋出路，更要肩负起要求，填补已经消失的昔日上层阶级所遗留的真空。一夜之间，落在他们身上的任务不是单纯的经营，而是领导。为了控制局面，他们试图将旧的统治形式转变为开明专制政体，向社会主义逆流让步；然而，正是朗格所抨击的自我意识的缺乏暴露了这套解决方案的可疑之处。至于在个案中争取到让步有多么艰难,我从某大企业的年轻人事主管那里有所了解,这个思想正直的人曾向我透露,尽管比他年长的同级主管在情势紧迫时会听任他自行其是,但他们本人不可能放弃"一家之长"的立场。当然,所有的妥协只证明,企业主阶层适应当前的环境是为了自主经营,而不是将这些条件作为基础。结果就是,一个处在权力中的阶层,当它既要符合权力的利益,同时又要对抗这一利益,它就不可能为它的立场建立世界观基础。可是,如果连它都害怕直面其存在的理由,那么,雇员们的日常生活就更要被牺牲了。

一段时间以来,在德国,尤其是在柏林,一个年轻而激进的知识分子阶层已经成长起来,在杂志和书著中,它相当猛烈地、千篇一律地反对资本主义。* 对于不像它那样直接追求某个理性人类秩序的一切势力而言,它一眼看上去似乎是个严肃的对手。或许它的抗议也发乎真心并且常常富有成效,但它

---

* 正是基于为《雇员们》写作进行调研而积累的认识,从1930年开始,克拉考尔不仅与民族保守主义及前法西斯的对立阵营代表们展开辩论,也尖锐地抨击此处所指的部分"年轻而激进的知识分子"。相关文章可见《克拉考尔作品集》第五卷。以上详见"2006年编注版"第362页,该注释列出了克拉考尔与两个阵营进行论争的文章标题和索引路径。

雇员们
Die Angestellten

的抗议却来得太过轻易。因为它通常只针对极端案例发难：战争、粗暴的司法误判、"五月骚乱"等等，* 并不评估有着未被留意之恐怖的普通生存状态。驱使这个阶层做出反叛姿态的，不是这种生存状态本身的构造，而仅仅是它最显见的影响。因此，这一阶层根本没有涉及既有事物的核心，它停留于症状；它谴责引人注目的堕落而无视微小事件的结果，而正是这些事件构成了我们普通的社会生活，并且，那些堕落首先被理解为这些事件的结果。如果能真实地穿透现实的结构，而不是高高在上大宣旨令，这些激进者的激进主义或许会更具分量。如果连那些以搅动日常生活为使命的人都未对之施以关注，日常生活又要如何改变？

---

* "司法误判"指无政府主义工人运动的两名成员费尔迪南多·尼科拉·萨科（Ferdinando Nicola Sacco）和巴尔托罗梅奥·范塞蒂（Bartolomeo Vanzetti）被美国法院定罪并于1927年被执行死刑的案件，该案引发世界范围的抗议，克拉考尔也曾就此撰文。——参见"2006年编注版"第362页；"五月骚乱"（Maiunruhen）也被称为"血腥五月"（Blutmai），发生于1929年5月1日至3日，德警方对由德国共产党机关报《红旗报》（Die Rote Fahne）发起的游行进行镇压，造成严重死伤。

亲爱的女同事和男同事们!

"由于职业在今天不再提供乐趣,"某自由工会雇员协会的领导人在和我的交谈中认为,"必须从外部为人们输送内容。"前文引述过的雇员工会联盟杂志(1929年第9期)中《通往工作乐趣之路》("Wege zur Arbeitsfreude")一文得出了相同结论,文章解释说:"然而,要令工作振奋人心、令工作的人对其职业活动更有兴趣并因此内心更为满足,其可能性是有限的。所以,必须寻求能够对抗受雇大众精神封闭的辅助手段。"被视为此类辅助手段的有艺术、科学、广播,当然,还有运动。可是,在闲暇时间为雇员们引介有价值的内容以缓解由职业生活引起的封闭,这种想法绝非毫无可疑之处。这样做就是在机械化工作的周围拉起警戒线,如同对待染病的羊群。可是,工作无法像瘟疫那样被消灭,准确地说,在人们没有被工作占据的

雇员们
Die Angestellten

时段，工作同样影响着他们，而且，哪怕机械化工作对他们的占用只是五个小时而非八个小时，它也绝非一项允许被简单排除在外的可脱卸式职能。有能力弱化其有害后果的不是对之避而不见的意识，而只能是整合这些后果的意识。如果工会一方面支持经济生活的理性规章为个体的职业活动赋予个体可以理解的意义，那么，如果它另一方面要为意识输送的内容无法改变个体与机械化工作的关系时，它的做法就不那么符合逻辑了。不过，就连被传送的内容也被与之紧密相连的意图剥夺了它们原本的含义。一旦被视作更安全的所有物，被简单地用以填充人们的大脑或者摆脱日常生活，这些内容便蒸发了。人们必定会被它们攫获，并且可能随之得到升华。那种认为借助如药物般被灌服的精神内容将消除机械化弊端的意见本身仍然是一种物化的表达，而物化的效果正是这一意见所针对的目标。构成这一意见的理解是，这些内容表现了完备的既有现实，后者可以如货物般被送达到户。

这一理解的独特之处在于将内容冠名为"文化财富"（Kulturgüter）。（"无须怀疑，"《行政机关雇员》杂志的一篇文章说，"自由原则表述了一种极具价值的思想，是人类最宝贵的文化财富之一。"）然而，自由工会的众雇员协会和雇员工会联盟（德国店员联合会因意识形态立场保守不在此列）的确会巡察社会福利范畴的问题，却未必会仔细勘测这其中没有直接触及社会实践的所有领域。此时，在真正的内容领域，庸俗马克思主义的意识形态理论自食其果，根据该理论，文化内容只是上层建筑，它们分别对应于各自的经济—社会下层建筑，亦即，根据该理论，完全不用询问文化内容对真理的诉求，而只需追究其出现的条件。造成的恶果便是下层阶级与精神生活了无联系，而这绝无由下层阶级自负其责的道理。为了对封闭做出补救，现今由各组织兜揽的文化要素，要么被打上无法撼动的"文化财富"标签，因为显然没什么可撼动，要么就是降价抛售的资产阶级残渣。所谓在精神上鼓舞雇员的最美好愿望往往落空。雇员中央联合会的青年团体出色地接受了引导，它们举办"破书表演"，旨在讥讽低级下流读物。联合会杂志《自由的雇员》（*Der freie Angestellte*）则真的庆祝起"读书日"。*"我们也为'读书日'的成功做好了准备。作为自由工会，我们乐于参与一切有助于推动人民精神生活的事务。"意图彻底消灭低级读物，为"读书日"兴奋，这些都暴

---

* "读书日"（Tag des Buches）由德国书商交易协会（Börsenverein des Deutschen Buchhandels）组织，于1929年3月22日（歌德忌日）首次举办。克拉考尔曾在1929年3月12日的《法兰克福报》上对这个正在筹备中的伪教育活动发表批评，文见《克拉考尔作品集》第五卷第三册，第120—125页。

雇员们
Die Angestellten

露了那种和那些远称不上内容的内容之间先天不足的联系。与为此内容之福泽欢呼的浅薄的乐观主义相比,当时《法兰克福报》针对这种流于形式的思维、其糟糕的中立态度及其与文学纯然外部化的关系所进行的批评对各组织或许更加适用。"读书日"不仅丝毫没有推动精神的迹象,而且比享用廉价小说更妨碍这一目标,后者根本不似人们想要年轻人相信的那样下流不堪。它们黑白分明的效果无论如何要比《雇员中央联合会年刊》(G.D.A.–Jahrbuch)的土地上为德国雇员种植的田园诗更有益处。"敬爱的同辈人,"最新一期年刊卷首语写道,"在眼前这本1929年年刊中,你会再次发现'沉思时刻'单元,而这一次要特请你留意,因为其中收录的一篇小随笔来自诗人马克斯·荣格尼柯尔*:《播种者之手》(Säer-Hände)。诗人在文中讲述了一种古老的农人习俗。耕种的农人让他四岁大的小女儿将第一批金色的谷种播撒到地里。'孩子走在犁过的土地上,笨拙地用小手把种子投在清新的泥土里!'这难道不值得深思

---

* 马克斯·荣格尼柯尔(Max Jungnickel,1890—1945),德国作家。荣格尼柯尔在"一战"中服役三年,战争结束后成为自由作家,1920年代,他逐渐成为"国家社会主义工人党"的支持者。1933年10月26日,在八十八位作家、诗人向希特勒宣誓效忠的《最忠实追随宣誓书》("Gelöbnis treuester Gefolgschaft")中,荣格尼柯尔是签署者之一;同一年,他在莱比锡出版了为约瑟夫·戈培尔写作的传记《戈培尔》(Goebbels)。

吗?"值得深思的应该是,如何才能抵达精神的前沿,而不是在后方塞食大路货。面对正当流行且早已不再单纯局限于社会主义政党的社会主义,只要各雇员组织不能成功摆脱自十九世纪以来附著其上的偏见,就存在着社会进步愿望的代表们向未开化的外省人靠拢的危险,后者的精神特质比资产阶级先锋们更加资产阶级;换句话说,他们几乎没有能力全心全意地维护他们的目标。目标本身不为所动。

运动、休闲周末和徒步旅行,尽管中性的面貌令它们可以加入不同的权力目的,但是它们为纯粹身体性活动授予的等级与工会的经济节目单所设定的价值层级并不完全协调。就在雇员协会抓住这些生命表达方式时,有时候它们就多少落入了有心于它们的各种势力的手里——这种摇摆不定,和相信可能自外部导入譬如文化内容一样,其特点在于缺乏至关重要的认识。一员工委员会委员在和我交谈时为划船运动辩护,因为这项运动把人和自然联系起来,《青年领袖》*的一篇文章自以为是地宣称:"资本主义生产方式奔忙逐利,在户外的大自然王国,它的无意义得以凸现……"正如前文已经指出的,人

---

* 《青年领袖》(*Jugend-Führer*)是工会青年部负责人的通讯刊物。——正文注

们搭建臆想的自然法则对抗现有的经济体系,却没有弄明白,恰恰是这个自然,同样体现在资本主义的欲望当中,是后者最强有力的盟友之一,而且,对自然不依不饶的赞美和经济生活有计划的组织是彼此冲突的。体育组织所体现的态度导致了与各雇员协会的要求并不一致的意识形态,一场本该受到引导的运动席卷了它的征服者。有的时候,后者甚至甘愿处在从属地位。在雇员工会联盟文化事务部的通讯中,诺伊明斯特(Neumünster)地方分部就邀请著名运动员奥托·佩尔策(Otto Peltzer)做出如下说明:"地方分部委员会的意见是,如果能迎合在雇员中占据主导地位的对运动的兴趣,并邀请某个特别知名的运动员从宏观角度谈一谈体育活动与现代雇员组织之间的关联,应该可以最有效地接近年轻一代雇员,他们极少出席我们的全员会议。"报告末尾总结道:"人人都谈论我们,很多人将会为他们演讲当晚无法到场而遗憾。"所有这一切只是为了不要错过结交朋友的机会。不追问热心体育的缘由,也不加以阻拦,出于宣传的目的,不加批判地怂恿。人们都来谈论,人们都丢了自己的声音。

"对今天的工作者而言,由于来自工作和职业的精神力量正在不可阻挡地发生坍塌,"理查德·沃尔特(Richard

Woldt)在他的论文《战后时期的德国工会》("Die deutsche Gewerkschaften in der Nachkriegszeit")*中这样写道,"在职业以外就必须和工会的生活实现并保持一种集体主义的紧密联系。"然而,一个共同体永远无法对精神力量的坍塌构成补偿,共同体由人组成,后者的生存状态关键由正确的认识所决定。很多情形显示,雇员组织倾向于将集体主义自身认定为组织力量的来源。我曾观看某自由工会团体"朗诵与运动"合唱团的演出。年轻的人们,姑娘和小伙,垂肩耷臂地控诉着屈从于机器的命运,随后他们直起身来,以凯旋的队列向着自由王国欢呼。如此景象,其良好愿望之动人与其美学上的束手无策不相上下。演出本该让人具体地想象志同道合者的共同体,然而实际上,对集体本身的表达比不上对期待集体的表达。这种期待基于这样一条信念,即,集体可以承载甚至生产某种意义,事实则是,奠定集体之基础的是认识。"集体"自身恰恰如"企业"自身一样空洞,只不过是企业主个人主动性的对极。无论是肯定个体主动性,指望其确保公共福祉,或是承认大众是一个战斗着的共同体,期待它实现值得为之奋斗的目标,立场并无两样。在这两种情形中,尚未被问及他们和意欲实现的目标

---

* 参见《德国国民经济的结构转变》第一卷。——正文注

之间有着何种类型的关系,人们就被接受了。一旦过分强调集体并已将之上升为纲目,任何对它的偏离,任何非以共性本身为皈依的人性的宣告,必定会被革除。因此,以从属者今天被时局锻造的态势,这意味着,只能变一律化之不利为有利。独自与死亡对峙的人不会进入欲将自身升格为终极目标的集体之中。塑造他的并非共同体本身,而是认识,共同体或许也要经由认识而形成。观念教条的雇员协会频频错过人的现实,这教条观念间接确认了集体本身是一个有缺陷的构造物。重要的不是机制需要改变,重要的是,由人来改变机制。

雇员们

——

附 录

知识分子的政治化：
评 S. 克拉考尔《雇员们》[*]

瓦尔特·本雅明（Walter Benjamin）

文学中不满者的原型古已有之，也许久远如写作本身。忒耳西忒斯（Thersites），荷马诗中的谤议者，莎士比亚国王剧里排名第一、第二、第三位的阴谋家，^{**} 来自独一无二的世界战争大戏的牢骚人，^{***} 是这一形象变换不定的化身。不过，这

---

* 本文以"局外人惹注目"（Ein Aussenseiter macht sich bemerkbar）为题发表于《社会》(*Die Gesellschaft*) 杂志第七年度（1930年）第一卷，后被收录在瓦尔特·本雅明《文集》(*Gesammelte Schriften*) 第三卷，美茵河畔法兰克福：苏尔坎普出版社，1972年，第 219—225 页。"知识分子的政治化"（Politisierung der Intelligenz）是这篇文章的编辑标题，在本雅明的一份私人稿件中，被手书改为"局外人惹注目"。

** 莎士比亚剧作《特洛伊罗斯与克瑞西达》(*Troilus and Cressida*)。

*** 这出戏指的是卡尔·克劳斯（Karl Kraus）的巨作《人类的末日》(*Die letzten Tage der Menschheit*)。

雇员们
Die Angestellten

类人的文学声名看来没有给他们的活样本壮胆。他们习惯了隐姓埋名且不吭不响地走完一生,有那么一天,若是族人中有谁引人注目,当街宣布再不奉陪,在相面士看来已非寻常事。不用说,这回我们要打交道的这个人也是未具全名。姓氏前一个简短的"S"提醒我们,不要太快对他的露面做论断。读者遭遇的是另一方式的内在的简洁——作为充满反讽精神的人性的产物。S朝劳动法庭大厅里瞧了一眼,无情的光在此拆穿了他自己,揭开的"不是原本可怜的人的面目,而是导致不幸的时局"。总算可以确定的是:这个人再不奉陪。他拒绝为同代人上演的嘉年华会戴上假面——甚至把社会学博士帽留在家中,他在人群中间粗鲁地冲撞,为的是时不时掀开某个莽撞鬼的面具。

他抗议将他的工作叫作报告文学,这容易理解。一来,新柏林的激进主义和"新客观派"这些报告文学教父们令他觉得同等可恶。二来,一个掀面具的滋事者不乐意被羞辱成画像师。揭露真面是这位作家的嗜好。他辩证地挤入雇员们的生活,不是作为正统马克思主义者,更不是务实的鼓吹家,而是因为辩证的闯入意味着:揭露真面。马克思曾说,社会存在决定意识,然而同时,只有在无阶级社会中,意识才能与那种存在相适应。阶级国家里的社会存在如此不近人情,其结果是,不同阶级的意识无法与之相适，只可能极为曲折地、非本真地和滞后地与之对应。既然下层阶级这样的错误意识由上层阶级的利益引发，上层阶级的错误意识因其经济处境的诸般矛盾而起，那么，正确意识的引入——即首先是向对之寄托全副期望的下层阶级引入——是为马克思主义的首务。在此意义上，且仅在此原初意义上，作者的思考是马克思主义的。自然，正是他的意图引导他在马克思主义的总体结构中不断深入，且因此，通过来自市民阶层的记忆图像和理想图像，与无产阶级意识形态极为相近的雇员意识形态展现了既有经济现实的一种独特交叠。今天，没有哪个阶级对具体现实的思考和感受比雇员更加脱离其日常生活。可换句话说，这意味着，对现今秩序非人一面的适应在雇员身上比在雇佣工人身上影响更加深远。与雇员和生产过程更为间接的关系相对应的是那种恰好对应于此生产过程的人际关系形式对他们更为直接的包纳。既然真正的媒介是人际关系在其中发生物化的组织——也是唯一可能令人际关系受到压制的媒介，作者势必要对工会事务发表一番评论。

这种批评不是党派或者雇佣政治式的。它也并非盘踞某个段落，而要通读全文方得知晓。克拉考尔关心的不是工会为雇员做了什么。他问的是：工会如何训练雇员？为了让雇员挣脱

雇员们
Die Angestellten

蛊惑他的意识形态魔力,工会做了什么?在回答以上问题时,他始终如一的局外人立场助益良多。他丝毫没有被权威人士们意在让他服气的吹嘘缚住手脚。共同体理念?他揭露它是一种亲经济的投机主义变种。雇员的高等教育程度?他谓之虚幻,并且证实,对学历异想天开的要求使得雇员在维护其权利时是多么地无能。文化财富?在他看来,这个概念支撑着那种怂恿"借助如药物般被灌服的精神内容将消除机械化弊端"的观点。这一整套意识形态构造物"本身仍然是物化的一种表达,而物化的效果却正是这种看法所针对的目标。构成这一看法的理解是,这些内容呈现了完备的既有现实,后者如货物般可被送达到户",这样的句子表达的不止是对某个问题的立场。确切地说,全书已然成为与日常生活的某个片段、所居住的此地、所生活的当下进行的论争。现实元气大伤,乃至必须摊牌,自报姓名。

这个名字就是柏林,作者笔下堪作典范的雇员之城;正因为此,他完全意识到自己已交出了一份首都生理学的重要稿件。"今天,柏林是鲜明的雇员文化之城,意即,这种文化由雇员创造,为雇员创造,并被大多数雇员视为一种文化。只有在柏林,在这个与出身和故土的联系被高度遏制乃至周末消闲大行其道的地方,方能把握雇员们的现实。"属于周末的还有运动。

作者针对雇员之中运动狂热的批判证明了，他有多么不情愿用对自然进行更加真挚的告白来补救他对好心人的文化理想做出的冷嘲热讽——远离它。统治阶级所培养的对天性的不信任在这里恰恰受到了维护未遭玷污的社会天性的文学家的抵制。他意识到要集中火力认清资产阶级意识形态，即便并不彻底，总归要在此意识形态与小市民阶层保持联系之处作一明辨。"运动的开展，"克拉考尔写道，"没有解开情意结，反而还是大规模抑制的表现；它不支持对社会关系的改造，作为整体，它反而是去政治化的主要手段。"而在另一处表述更坚决："人们搭建臆想的自然法则对抗现有的经济体制，却没有弄明白，恰恰是这个自然，同样体现在资本主义的欲望当中，是后者最强有力的盟友之一，而且，对自然不依不饶的赞美与经济生活有计划的组织彼此冲突。"与这种对自然的敌意对应的是，在传统的社会学论已堕落之处，作者同样非议"自然"。于他，烟厂里的某个过客，无忧无虑，见多识广，才是自然。对经济如此不懈的深究揭示出今日抽象形式的生产和交换关系的基本特征——其实就是野蛮特征，几乎无须点明，在此番深究之中，背负众望的机械化得到的强调完全不同于它对社会传教士的意义。在这位观察家眼中，和完全器质性的"品性良好的红润肤色"相比，非技术性工人不带感情的机械化操作更富希

雇员们
Die Angestellten

望,按照人事主管宝贵无价的表述,"品性良好的红润肤色"是好雇员应该呈现的肤质。"品性良好的红润肤色",也是招认雇员生存现实的颜色。

舌吐莲花的人事主管证明雇员们的切口与作者的语言进行着何种程度的交流,显示出这个局外人与他着眼的集体的语言之间有着怎样的默契。我们当然完全懂得何为"血橙"和"自行车骑手",何为"马屁喇叭"和"公主"。我们对这一切越是熟知,就越发明白,知识和人性如何绕开了秘书和教授们自负的语汇,藏身在绰号和譬喻当中。或者,在所有对雇佣劳动进行革新、精神提升和价值深化的文章中,与其说涉及的是语汇问题,不如说是语言自身的反常,以最真挚的词语遮蔽最窘迫的现实,以最考究的遮蔽最鄙俗的,以最和气的遮蔽最具敌意的?无论如何,在克拉考尔的分析里,这是可能的,泰勒制的学术意见*尤其如此,那是最鲜活的讽刺文学的源头,为了占据史诗般的跨度以对应其题材的不可测,讽刺文学退出滑稽小报确有多时。呜呼,这不可测孤绝无援。而这种反常愈是全

---

* "泰勒制"指由弗雷德里克·温斯洛·泰勒(Frederick Winslow Taylor)提出的科学管理理论,是指通过对工作的步骤和所需时间进行系统研究,重新设计标准化的工作流程,对执行工作的动作、工人的选择进行科学化管理,强调在原子式分工状态下通过合作和分责实现效率和产量的最大化。

方位地抑制受其控制的诸阶层的意识，它在图像生产方面便愈见创造力——遵照抑制法则。相较之下，无法忍受的、紧张的经济形势衍生错误意识的经过与将神经病患和精神病人从无法忍受的、紧张的个人冲突引向意识错误的经过多有近似。至少，只要还没有为马克思主义"上层建筑说"补充它所急需的有关错误意识形成的理论，要回答"从一种经济形势的矛盾中如何形成与之不相称的意识"这一问题，除了依据抑制公式，几乎别无他途。错误意识的生成有如字谜画，主体刚好从云朵、树叶和阴影中冒出头来。为了找出如字谜一般隐没于荣光与青春、文化与人格之幻术中的那个主体，作者一直下潜到雇员报纸的广告：交谈词汇和床，橡胶鞋底，书写痉挛笔杆和优质钢琴，回春术和洁白牙齿。然而，"那更高的"不满足于幻象式的存在，它径自沉入企业的日常，一如在那分心荣光里的不幸，叫人困惑难解。无报酬的加班终于结出了新家长制的办公组织，于是，克拉考尔从中辨认出机械管风琴的程式，下落不明的回音从中响起，或者，在速记打字员的灵巧指法中，他听出了钢琴练习曲里小市民的孤绝无援。这个世界真正的符号中心是"快活营"，用石头，准确地说是用石膏制成的雇员的向往。在考察这些"无家可归者的避难所"时，作者梦幻般的语言表明了语言彻头彻尾的滑头。令人吃惊的是，为将它们当作肿块脓疮涤除，呈予理性之光，作者的语言对所有这些充满情调的艺术家酒窖、僻静的宫殿和亲密的咖啡海湾是多么地依顺。集神童和冒失鬼于一身，作者在这里聊出了边际。而他心里再清醒不过，未至于将这些机构仅仅视为服务于统治阶级利益的愚化工具，也不意令它们独自承担责任。他对企业主阶层的批评毫不客气，在他看来，以阶级视之，企业主阶层与从属于它的人们同样具有如此强烈的依属特征，致使它不可能在经济乱局里被承认为真正的运动力量和具备完全责任能力的首脑。

对于时人所理解的政治效果——具有煽动性的效果，这部作品必须放弃，这不单是因为上述针对企业主阶层的评价。意识到这一点——这正是作者的自我意识，便能理解作者对与报告文学和"新客观派"有关的一切所表现的反感。这些激进左派可以摆出自己希望的姿态，却永远不能抹杀这样一个事实，即，知识分子的无产阶级化几乎永远不会造就一个无产者。为什么？因为，从孩童时代开始，市民阶级以教育的形态向知识分子提供了一种生产工具，基于教育特权，这一工具使知识分子和市民阶级团结起来，或许更准确的说法是，令市民阶级和知识分子同进退。这样的团结在台前或许模糊难辨，甚而瓦解，但它几乎一直足够牢固，将知识分子严格排除在地道

知识分子的政治化:评 S. 克拉考尔《雇员们》

无产者的持续戒备心理和前线状态之外。克拉考尔践行了以上认识。因此,有别于最新流派激进的时髦产物,他的作品是知识分子阶层政治化道路上的一块里程碑。于前者,是对理论和认识的惧怕将本书推到了热心于轰动的假绅士面前,于后者,这是一次建构性的理论训练,它既不面向假绅士,亦不面向工人,却能够为他们提供一些现实的、有据可查的东西:各自阶级的政治化。此举的间接效果只此一项,一个出身于市民阶级、写作的革命者今天可能把自己推到了前台。直接影响只能从实践中得知。不过,和已然成名的同事相反,他遵循列宁的思想,后者的写作最好地证明了,政治实践的文学价值和直接效应与今天冒充它的粗鲁的、鸡零狗碎的内幕和报道相距何其遥远。

说到底,这位作家本来就是作为个体站立在此。一个不满者,不是领导者。不是建造者,而是破坏者。若欲以其职业和追求之孤单对他本人做一想象,我们会看到:早在破晓时分,一个拾荒者,他用棍棒挑起语词破布和语言碎片,嘟哝着,固执地、略带着醉意地将它们投进他的推车,偶尔,不乏一两片褪色的"人性""内在""深化"的印花布在晨风中挖苦似地飘舞着。一个拾荒者,早在——革命日的破晓时分。

西格弗里德·克拉考尔生平[*]

1889年 2月8日,西格弗里德·克拉考尔出生于美茵河畔法兰克福,是商人阿道夫·克拉考尔(Adolf Kracauer,1849—1918)和其妻罗塞特(Rosette,本姓Oppenheim,1867—1942)唯一的孩子。童年生活艰难,有语言障碍。因父亲长期旅行在外,克拉考尔与母亲感情深厚,和叔叔一家交往密切。叔叔伊泽多尔·克拉考尔(Isidor Kracauer,1852—

---

* 这份"克拉考尔生平"由中文译者根据因格里德·贝尔克(Ingrid Belke)和伊莉娜·伦茨(Irina Renz)编写的《西格弗里德·克拉考尔(1889—1966)》(*Siegfried Kracauer. 1889—1966*)一书汇编而成。这本小册子是《马尔巴赫杂志》(*Marbacher Magazin*)1988年第47号刊,为配合翌年1月至3月在马尔巴赫席勒国家博物馆(Schiller-Nationalmuseum)举行的纪念克拉考尔一百周年诞辰的展览所出版的生平小传。马尔巴赫德国文学档案馆(Deutsches Literaturarchiv Marbach)在克拉考尔的妻子去世后接受遗赠,收藏了克拉考尔的全部文稿。

1923）是法兰克福博爱之所学校（das Philanthropin zu Frankfurt am Main，犹太人社区的自由派中学）的历史教师，也是法兰克福犹太人圈中著名的历史学家，他的妻子是罗塞特·克拉考尔的妹妹，伊泽多尔叔叔对克拉考尔成长时期影响深刻。

1898 年　进入博爱之所学校就读。

1904 年　转学至克林格高级实科中学（Klinger-Oberrealschule）。

1907 年　开始先后在达姆施塔特（Darmstadt）、柏林和慕尼黑学习建筑学、哲学和社会学。

1911 年　在慕尼黑皇家巴伐利亚工学院（Königlich Bayerische Technische Hochschule München）通过工程硕士考试（Diplom-Ingenieur）。

1914 年　未能实现师从齐美尔（Simmel）攻读哲学学位的计划。在柏林夏洛滕堡皇家工学院（Königlich Technische Hochschule Charlottenburg）获得工程学博士学位（Dr.-Ing.）。

1915 年　博士论文《十七世纪至十九世纪初柏林、波茨坦及若干城市马克锻造工艺的发展》（*Die Entwicklung der Schmiedekunst in Berlin, Potsdam und einigen Städten der Mark vom 17. Jahrhundert bis zum Beginn des 19. Jahrhunderts*）出版。

西格弗里德·克拉考尔生平

	7月，进入法兰克福建筑师马克斯·泽克巴赫（Max Seckbach）的事务所。
1916年	设计的一个士兵公墓方案在竞赛中胜出，他的小说对这个方案进行了描述。
	11月，结识马克斯·舍勒（Max Scheler）。
1917年	9月中旬，接到征兵令，不得不中断在建筑事务所的工作，前往美因茨（Mainz）加入步兵营。
1918年	1月23日，在奥斯纳布吕克（Osnabrück）市政建设部门得到一份建筑师工作。
	7月9日，父亲去世。回到法兰克福。在努力谋生的同时进行哲学学习和写作。
1919年	战争结束后，生计艰难，受到士兵返乡潮的冲击，没有固定工作，老东家马克斯·泽克巴赫只能为他提供临时工作。完成关于齐美尔的著作《格奥尔格·齐美尔：论我们时代精神生活的阐释》（*Georg Simmel. Ein Beitrag zur Deutung des geistigen Lebens unserer Zeit*）。认识了还是中学生的阿多诺。
1921年	1月底，开始为《法兰克福报》报道本地活动，文章大多未署名，报社并不向他支付固定工资，而是以篇计酬。这份工作让他得以了解战后新思潮和社

会实务并与《法兰克福报》联系密切。

8月,成为报纸的固定撰稿人,撰文主题范围甚广,平均每天为报纸工作五至六小时,他的很多重要文章陆续问世。结识诺贝尔拉比(Nehemia Anton Nobel,1871—1922)、弗兰茨·罗森茨崴格(Franz Rosenzweig)以及年轻的莱奥·洛文塔尔(Leo Löwenthal)。

1922年 《社会学作为科学:认识理论研究》(*Soziologie als Wissenschaft. Eine erkenntnistheoretische Untersuchung*)出版。通过洛文塔尔认识了恩斯特·布洛赫(Ernst Bloch),后因对布洛赫作品的批评而致两人断交。开始写作《侦探小说》(*Der Detektiv-Roman*,1925年完稿,生前没有全文发表)。

1924年 11月,成为《法兰克福报》全职编辑。

1925年 9月—10月,小说《金斯特》(*Ginster*)初稿完成。

1926年 约在1925年底、1926年初,认识伊丽莎白(莉莉)·埃伦赖希(Elisabeth [Lili] Ehrenreich)。伊丽莎白·埃伦赖希来自斯特拉斯堡的一个阿尔萨斯天主教家庭,在斯特拉斯堡的女子中学毕业后,先后在斯特拉斯堡和莱比锡的音乐学院和大学学习音乐、艺术史和文献学,1924年7月法兰克福社会研究所(Institut für Sozialforschung)成立后不久,她就开始在那里担任图书管理员。

4月28日和29日,在《法兰克福报》发表《德语圣经》("Die Bibel auf Deutsch")一文,批评弗兰茨·罗森茨崴格和马丁·布贝尔(Martin Buber)对《旧约》的翻译,该文引发朋友圈震荡,克拉考尔与好友玛格蕾特·苏斯曼(Margarete Susman)决裂。

9月,与布洛赫和解。

1927年　发表《大众装饰》("Das Ornament der Masse")和《论摄影》("Die Photographie")。

1928年　小说《金斯特》出版。

1929年　开始写作小说《格奥尔格》(Georg)。

由于报社计划将克拉考尔调往柏林,从4月底开始,克拉考尔在柏林开始为期10周的试用期工作,在此期间,他完成了《雇员们》一书的实地调查和采访工作。10月,《雇员们》完稿,但文章的发表在报社内部遭遇阻力;12月,《雇员们》在《法兰克福报》上分12期连载。

1930年　3月5日,与莉莉·埃伦赖希结婚。

4月,负责《法兰克福报》柏林副刊部。

雇员们
Die Angestellten

1931 年 在柏林报社感受到"反犹"敌意,突然遭到减薪,稿件常常无法通过,甚至在年底失去了在柏林办公室的房间。由于对电影、社会及文化现象的评论,克拉考尔在柏林编辑部期间的写作与希特勒上台前急速右转的德国国内环境针锋相对,这导致他在报社的处境越来越艰难。年底,针对古斯塔夫·乌齐基(Gustav Ucicky)导演、乌发公司(Ufa)发行的影片《约克》(*Yorck*, 1931)的评论文章无法见报。12 月,报社再次对克拉考尔减薪,并催促他另谋兼职。

1932 年 4 月 5 日,针对影片《旺贝坑》(*Kuhle Wampe*)遭禁,措辞激烈地发文抨击电影审查制度。

1933 年 2 月 28 日,"国会纵火案"的第二天,启程前往巴黎。

3 月 2 日,到达巴黎,报社承诺的通讯员职位被收回,他被《法兰克福报》解雇。在巴黎的八年时间,可能是克拉考尔人生最艰难的阶段。

9 月,重新回到小说《格奥尔格》的写作。与本雅明来往密切。在法国和瑞士的杂志上发表文章。

1934 年 10 月 19 日,小说《格奥尔格》完稿。随即和妻子一同开始为《雅克·奥芬巴赫和他那个时代的巴黎》(*Jacques Offenbach und das Paris seiner Zeit*)的写作搜集资料。

年底，托马斯·曼（Thomas Mann）极力安排《格奥尔格》在荷兰出版，被克拉考尔拒绝。

1935 年 《格奥尔格》出版推迟。

4月初，有法国出版社与克拉考尔签订了"奥芬巴赫"一书的出版合同。

1937 年 在霍克海默（Horkheimer）、阿多诺、洛文塔尔、夏皮罗（Meyer Schapiro）、克劳特海默（Richard Krautheimer）等老友的帮助下，克拉考尔夫妇开始准备移民美国，同时得到为现代艺术博物馆（Museum of Modern Art）的图书馆写作一本德国电影社会史的支持，也就是后来的《从卡里加利到希特勒》一书。

4月，《雅克·奥芬巴赫和他那个时代的巴黎》德文版发行，很快，该书的法文版和英文版也问世。

1940 年 6月11日，前往马赛，8月中旬，本雅明到达马赛，他们几乎每天见面。

8月底，克拉考尔夫妇得到前往美国的签证。

9月底，佛朗哥政权下的西班牙曾关闭边境，不允许"无国籍者"过境。在被拒绝入境之后，9月26日，本雅明自杀。对于和本雅明持相同文件旅行的克拉考尔夫妇而言，经西班牙到葡萄牙的路线看起来无

雇员们
Die Angestellten

法通行。

1941 年

克服旅行文件和费用的困难后，2 月 24 日，从马赛启程，28 日，经西班牙到达葡萄牙。

4 月 15 日，在里斯本登船，4 月 25 日，到达纽约布鲁克林港。

4 月底，从洛克菲勒基金会得到两个月的资助，开始准备"德国电影史"的写作。

7 月 1 日，被现代艺术博物馆电影资料馆馆长艾里斯·巴里（Iris Barry）任命为特别助理，在洛克菲勒基金会和古根海姆基金会的资助下，写作《卡里加利》一书。

1942 年

6 月 9 日，完成《宣传和纳粹战争片》（*Propaganda and the Nazi War Film*），这份研究被作为机密材料仅供美国国务院和经选择的专业人士阅读。

1943 年

1 月和 2 月，系统阅读 1918 年之后所有关于德国电影的著作。

5 月 1 日，完成《在银幕上征服欧洲：1939 年至 1940 年的纳粹新闻片》（*The Conquest of Europe on the Screen. The Nazi Newsreel 1939—1940*）的战时研究任务。

1946 年	9 月,克拉考尔夫妇加入美国国籍。
1947 年	4 月中旬,《从卡里加利到希特勒:德国电影心理史》(*From Caligari to Hitler. A. Psychological Hitler of the German Film*)出版。
1950 年至 1952 年	担任"美国之音"(Voice of America)分析家。
1952 年至 1958 年	哥伦比亚大学应用社会研究局(Bureau of Applied Social Research)研究成员。作为研究主管,也承担很多组织工作。
1954 年	电影理论著作的写作先后获得教堂溪基金会(Chapelbrook Foundation)和波林根基金会(die Bolingen Foundation)的资助。
1956 年	7 月 16 日,飞往汉堡,开始欧洲之旅。 10 月 10 日,回到纽约。
1959 年	11 月 29 日,电影理论著作完成。
1960 年	《电影的理论:物质现实的救赎》(*Theory of Film. The Redemption of Physical Reality*)出版,克拉考尔将这本书题献给妻子。克拉考尔开始酝酿一部历史哲学著作,由于忙于学术旅行和德国时期作品的出

	版,新书写作时断时续。
1966 年	7月2日开始在欧洲旅行。
	9月11日至10月3日,在罗马写作历史哲学著作。
	11月26日,西格弗里德·克拉考尔在纽约因感染肺炎去世。
1969 年	历史学家保罗·奥斯卡·克里斯泰勒(Paul Oskar Kristeller)和克拉考尔的妻子合作对克拉考尔的遗稿进行整理。1969年,克拉考尔的历史哲学著作在纽约出版,书名为《历史:最终者前的最终事》(*History. The Last Things before the last*)。

西格弗里德·克拉考尔作品年表

专著：

《十七世纪至十九世纪初柏林、波茨坦及若干城市马克锻造工艺的发展》
Die Entwicklung der Schmiedekunst in Berlin, Potsdam und einigen Städten der Mark vom 17. Jahrhundert bis zum Beginn des 19. Jahrhunderts
Worms: Wormser Verlags- und Druckerei GmbH, 1915

《社会学作为科学：认识理论研究》
1. *Soziologie als Wissenschaft. Eine erkenntnistheoretische Untersuchung*
   Dresden: Sibyllen-Verlag, 1922
2. 被收入：*S. K., Schriften I*, Frankfurt am Main: Surkamp, 1971

《金斯特：自撰》
Ginster. Von ihm selbst geschrieben
1. Berlin: S. Fischer, 1928.（被译为法文）
2. *Ginster*, Bibliothek Suhrkamp 107, 1963（无结尾章节）

雇员们
Die Angestellten

《雇员们：来自最新德国》
Die Angestellten. Aus dem neusten Deutschland
1. Ffm.: Societäts-Verlag, 1930（被译为捷克语）
2. Allensbach und Bonn: Verlag für Demoskopie, 1959
3. Berlin: 1970（盗版，无作者前言）
4. 被收入：*S. K., Schriften I*, Frankfurt am Main: Suhrkamp, 1971

《雅克·奥芬巴赫和他那个时代的巴黎》
Jacques Offenbach und das Paris seiner Zeit
1. Amsterdam: Allert de Lange, 1937（被译为法语、英语和瑞典语）
2. 书名为：*Pariser Leben. Jacques Offenbach und seine Zeit. Eine Gesellschaftsbiographie*, München : List, 1962
3. Berlin: Deutsche Buchgemeinschaft, 1964

《宣传和纳粹战争片》
Propaganda and the Nazi War Film
New York: Museum of Modern Art Film Library, 1942

《在银幕上征服欧洲：1939年至1940年的纳粹新闻片》
The Conquest of Europe on the Screen. The Nazi Newsreel 1939—1940
Washington, D.C.: The Library of Congress, 1943

《从卡里加利到希特勒：德国电影心理史》
From Caligari to Hitler. A. Psychological Hitler of the German Film
1. Princeton, N. J.: Princeton University Press, 1947（被译为意大利语、波兰语、西班牙语和法语）
2. *Von Caligari bis Hitler. Ein Beitrag zur Geschichte des deutschen Films* r.d.e.63, Hamburg: Rowohlt, 1958（德文版，被严重删节）

《卫星心态：匈牙利、波兰和捷克斯洛伐克非共产主义者的政治态度和宣传敏感心理》（与 P. L. 贝克曼合著）
Satellite Mentality. Political Attitudes and Propaganda Susceptibilities of non-Communists in Hungary, Poland and Czechoslovakia
New York: Praeger, 1956

《大众装饰：文集（1920—1931）》
Das Ornament der Masse. Essays. (1920—1931)
Frankfurt am Main: Suhrkamp, 1963

《电影的理论：物质现实的救赎》
Theory of Film. The Redemption of Physical Reality
1. New York: Oxford University Press, 1960（被译为意大利语）
2. *Theorie des Films. Die Errettung der äußeren Wirklichkeit*（作者修订德文版）
Frankfurt am Main: Suhrkamp, 1964

《柏林和其他地方的街道》（1925 年至 1933 年《法兰克福报》文选）
Straßen in Berlin und anderswo
Suhrkamp 72, 1964

《历史：最终者前的最终事》
History. The Last Things before the last
New York: Oxford University Press, 1969

《侦探小说：哲学论文》（写作于 1922 年至 1925 年）
Der Detektiv-Roman. Ein philosophischer Traktat.
in *S. K., Schriften I*, Frankfurt am Main: Suhrkamp, 1971

雇员们
Die Angestellten

《金斯特》(完整版)
《格奥尔格》(Georg,首版)
in *Schriften, Band* 7, Frankfurt am Main: Suhrkamp, 1973

大量论文发表于以下报刊:

《党派评论》(*Partisan Review*)
《电影批评》(*Filmkritik*)
《法兰克福报》(*Frankfurter Zeitung*)
《法兰西信使》(*Mercure de France*)
《费加罗报》(*Figaro*)
《国际电影学期刊》(*Revue Internationale de Filmologie*)
《剧场艺术》(*Theatre Arts*)
《肯尼恩评论》(*Kenyon Review*)
《逻各斯》(*Logos*)
《纽约时报书评》(*New York Times Book Review*)
《普鲁士年刊》(*Preußische Jahrbücher*)
《评注》(*Commentary*)
《企鹅电影评论》(*The Penguin Film Review*)
《社会研究》(*Social Research*)
《视与听》(*Sight and Sound*)
《新共和》(*The New Republic*)
《新评论》(*Neue Rundschau*)
《星期六评论》(*Saturday Review*)
《新苏黎世报》(*Neue Züriher Zeitung*)
《艺术杂志》(*Magazine of Art*)
《舆论季刊》(*Public Opinion Quarterly*)
《政治科学季刊》(*Political Science Quarterly*)

译者的话

来到克拉考尔在魏玛共和国时期的写作，我们会发现，中文读者迄今通过电影理论著作所了解的克拉考尔关于德国中产阶级状况、现代都市空间和大众娱乐的分析早在二十世纪二十年代就已经开始，其中，《雇员们》一书就是对中产阶级生活的一次全面勘探。

在《从卡里加利到希特勒》(以下简称《卡里加利》)中，克拉考尔对德国中产阶级心理状态的分析是贯穿全书的主线，这条主线的强有力既是《卡里加利》一书阅读快感的核心源泉，同时也为该书的"心理分析模板"招致极大争议。克拉考尔曾表示写作《卡里加利》像是"正在进行尸体解剖的医生"(致帕诺夫斯基信)，而他所处理的切片也是"彻底死亡的自己过去的一部分"。事实上，身在美国的克拉考尔的确已经在空间

雇员们
Die Angestellten

和心理的双重层面脱离了德国,因此,他的这一保持距离的写作在某种程度上也受到了"后见之明"(或"以果导因")的非议。然而,通过阅读《雇员们》,读者一方面将领略魏玛时期的克拉考尔作为现实接收器的敏感和敏锐,另一方面,也会在这个"魏玛"德国同时代者的写作中处处发现他的"先见"。

需要提请读者注意的是:本书没有采用"中产阶级"的表述,而是使用了"中间阶层"(Mittelstand)的译法;同时,文中大量使用的"Schicht",中文也译作"阶层",只有当作者使用"Klasse"一词时,才选择"阶级"的译名。做出如此区分和限定与克拉考尔的用词选择有关,他的选择以这样一个观点作为前提:中产阶层和工人阶层同属于一个宽泛的"下层阶级"(Unterklasse,或作"底层阶级")。

非常感谢慕尼黑大学因卡·米尔德-巴赫教授(Prof. Dr. Inka Mülder-Bach)接受邀请,为本书撰写导读,也感谢她授权中文译本使用她们对克拉考尔作品做出的研究性注释。作为三十年来活跃于克拉考尔研究领域的重要学者,她的文章和编辑工作为我们理解克拉考尔的写作和工作提供了更为清晰的脉络和语境。

感谢曾经与我合作的编辑贾超二女士,她热情地推动了这个翻译计划。感谢我的朋友张弢先生,他对译文的意见和对翻译的严谨态度让我受益匪浅。感谢本书编辑邹震博士,谢谢她的耐心和专业工作。最后,感谢周彬先生,没有他的信任和支持,我无法为这项小小工作画下句号。一切疏漏和错误归于我,恳请读者指正,不胜感激。

黎　静